人生が動き出す！

ナチュラルデカ目の作り方

目元プロデューサー
垣内綾子

ワニブックス

目元が変われば、
人生までも変わる。

自分史上最高の、

「大人のナチュラルデカ目」

手に入れませんか？

「いつもの定番アイメイクで、もう十分」
「いい大人なのに『デカ目』になりたいなんて恥ずかしい」
「私の『目ヂカラ』なんて、こんなもの」

本当に、そうでしょうか？

経験を重ねた大人の女性にこそ、
その成熟した内面と、確かな基盤にふさわしい
キラキラと輝く目元を手に入れてほしい。

印象的な目元は、印象的な女性の証。

大人のナチュラルデカ目が、
あなたを、今以上に輝かせるのです。

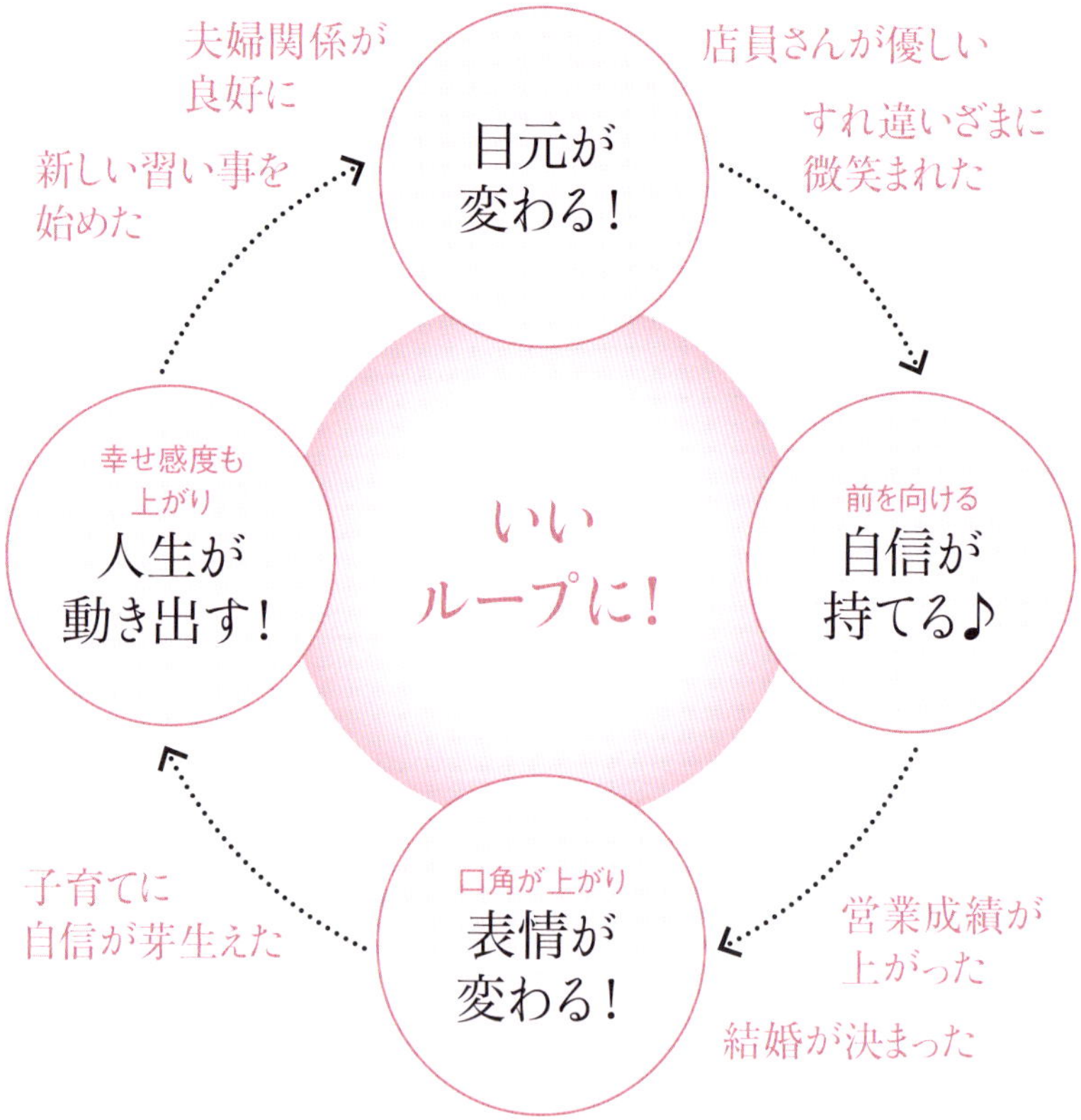
目元が変わる！
店員さんが優しい
すれ違いざまに微笑まれた
前を向ける
自信が持てる♪
営業成績が上がった
結婚が決まった
口角が上がり
表情が変わる！
子育てに自信が芽生えた
幸せ感度も上がり
人生が動き出す！
新しい習い事を始めた
夫婦関係が良好に
いいループに！

目元が変われば、顔を上げられる。前を向ける。

朝、コーヒーショップでテイクアウトするときも、
同僚とエレベーターで乗り合わせて挨拶を交わすときも、
大事なミーティングで発言するときも、
いつだって、前を向ける。
相手の瞳を、まっすぐに見つめ返せる。

それが自信となって、表情が変わり、
言葉や仕草が変わり、やがて周りも変わる。

――きっかけは、
1本の新しいマスカラかもしれない。
一筋のアイラインかもしれない。
目元から始まる小さな「自分革命」が、
理想のあなたを連れてきてくれるはずです。

はじめに

――目元には人生を変える力がある

はじめまして。垣内綾子と申します。日本とアメリカで8店舗を展開するまつ毛エクステサロン・MANHATTANの代表で、目元プロデューサーとして多くのタレントさんの目元のプロデュースをお手伝いさせていただいています。

どうすれば、その人の目元をいちばん美しく見せることができるのか。

これまで1万人以上の方の目元を変えてきた経験と、ヴィザジズム（脳と視覚の仕組みを使う美容メソッド）の視点からお一人お一人の目元を輝かせる方法を模索してきました。そんな中、日々感じていたことがあります。

それは、ただなんとなく流行のメイクを真似していて、それが本当に自分に似合っているかどうかわからないという方が多いこと。

また、美容の知識は豊富でも、意外とメイクの要となるまつ毛のこと――たとえば毛のサイクルや、過度なアイラッシュカーラーの弊害――をご存知ない方も多いということ。さらに、「まつ毛が急激に減ってしまった」などの目元のトラブルの多くが、間違った危険なメイクや、気づかないうちに進んでいる老化に原因があることも、あまり知られていません。

これらは、正しい知識を知れば解決することばかりですし、それさえわかれば必ず目ヂカラはアップします。それらをなんとかお伝えできないだろうか――の思いが形になり、こうして1冊の本になりました。

私が目元の力に目覚めたのは高校生のときでした。脱毛症で3分の1も髪の毛が抜けてしまっていた私に、友達がプレゼントしてくれた1本のマスカラ。初めてそれをつけて鏡を見たとき、私の人生が変わりました。

あんなにスカスカだった目元が強くなるだけで、自信のある女の子に見える！　あのときの思いが、今の私の職業「目元プロデュース」につながっています。

目元が変わるのは、決して外見だけのことではなく、必ずその人の心に作用し、幸せや自分らしさに向かって一歩踏み出す力になります。本書でみな様のＨＡＰＰＹのお手伝いが少しでもできたなら、こんな嬉しいことはありません。

大人のナチュラルデカ目が「あの人、美人だよね」の近道だった。

（Lulucos by.S調べ※）

コスメの口コミサイトLulucos《ルルコス》オフィシャルメンバーに聞いた、大人女子の目元事情。

あなたの目元、しっかり見られています。

（美人だなと判断するパーツはどこですか？）

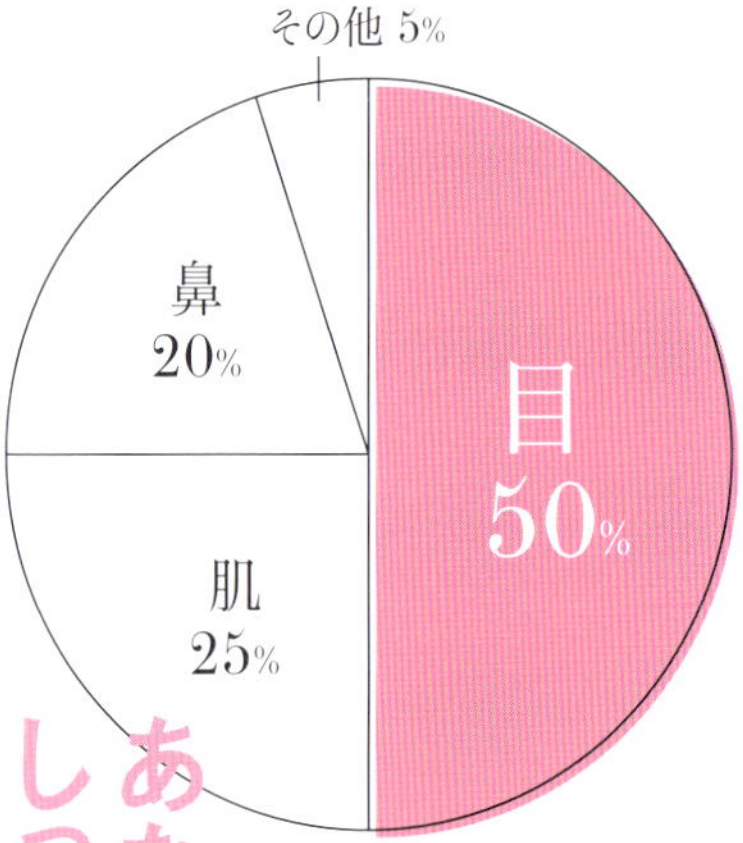

相手を「美人だな」と判断する決め手は「目元」と答えた女性が、なんと半数！　手っ取り早く美人になるには、目元メイクを変えるのがまさに近道です。

（女性の顔を見るとき、どのパーツに注目しますか？）

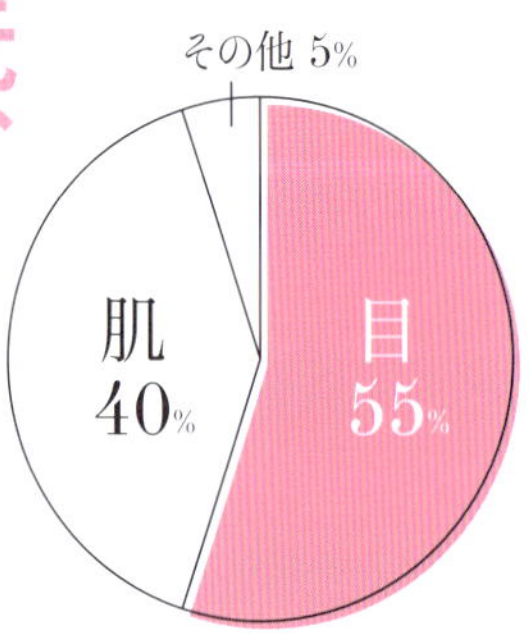

目は口ほどにものを言う、そして、目は心の鏡とはよく言ったもの。目にポジティブな自信が宿る女性は、それだけで「印象に残る女性」となれるのです。

とはいえ悩ましい、目元メイク。

今の自分の目元メイクに満足ですか？

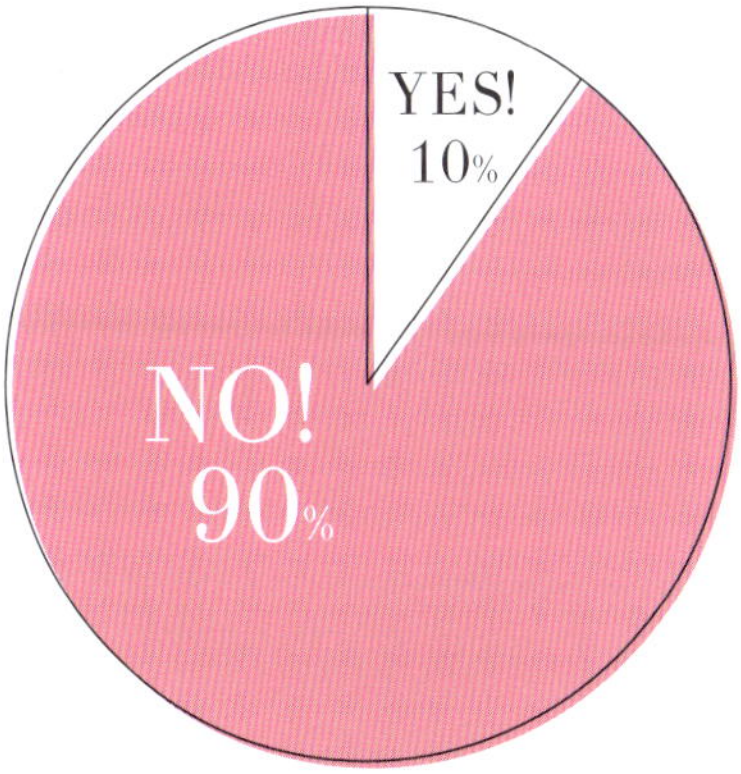

メイクでいちばん「難しい！」と悩んでいるパーツは？

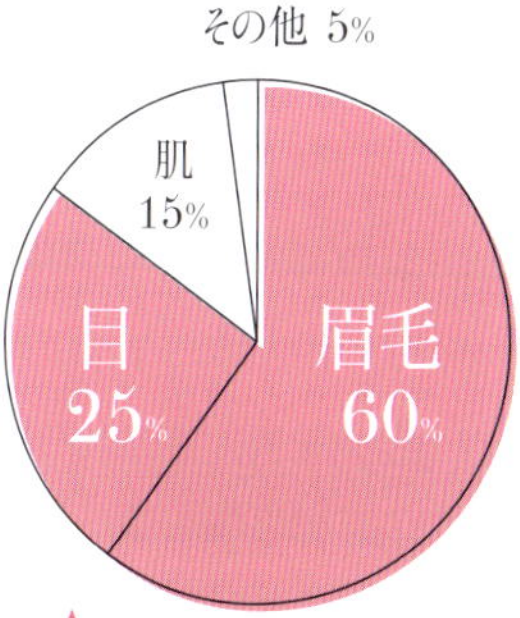

印象を決める上で大きな役割を果たす「目元」ですが、実際に自分の目元メイクに満足している女性は少ない、という結果に。9割以上の女性が目元メイクに何らかの悩みを抱えています。
ちなみにメイク全体で質問しても、ダントツで悩みが多いのは、眉毛。そして次に続くのが、目。なんと目元だけで、全体の8割以上をも占める結果に。注目度が高いからこそ、上手に仕上げたいパーツですよね。

目元悩みランキング

1位 奥二重、一重

2位 まつ毛が短い、少ない

3位 目が小さい

みなさんの目元メイクの悩み、パーフェクトに解決します！

※コスメの口コミサイト「Lulucos by.S（ルルコス バイエス）」オフィシャルメンバー111人に調査を実施。https://lulucos.jp

CONTENTS

Now is the time for action!

モデルメイク使用コスメ
○P2、P9、P16、P18、P54、P142、P183　アイシャドウ：アイグロウ ジェム GD081 ¥2,700（コスメデコルテ）／眉パウダー：ケイト デザイニングアイブロウ3D EX-4 ライトブラウン系 ¥1,100（編集部調べ）（カネボウ化粧品）／眉マスカラ：ナチュラル ブローシェイパー 06 リッチブラウン ¥3,500（ボビイ ブラウン）／アイライナー：ハイパーシャープ ライナー R BR-2 ブラウンブラック¥1,200（メイベリン ニューヨーク）
○P4、P82　アイライナー：アイライナー エフォシル ショッキング No.3 ディープブルー ¥4,200（イヴ・サンローラン・ボーテ）／眉パウダー：アイブロウパウダー 02 ¥3,200（ナチュラグラッセ）／アイシャドウ：プレスド アイシャドー G silver ¥2,000（シュウ ウエムラ）／眉マスカラ：インディケイト アイブロウマスカラ パール ¥2,800（セルヴォーク）
○P7、P103、P166　アイライナー：アディクション カラーシック アイライナー レディ オブ ザ レイク ¥2,500（アディクション ビューティ）／眉マスカラ：アイブロウマスカラ 02ダークブラウン ¥2,400（トーン）／アイシャドウ：アイ フォイル シャンパンゴールド ¥3,000（シュウ ウエムラ）／眉パウダー：キャンメイク カラースタイリングアイブロウ 01 ¥600（井田ラボラトリーズ）

CHAPTER 1

黒目より、白目の面積を見せるが勝ち

黒目より「白目」。光を入れて輝かせる。

大人のナチュラルデカ目についての大いなる勘違い、
それが「黒目が大きいほど良い」。
そのために努力したことが
もしかして裏目に出ているかもしれない。
輝く白目は、透明感やイキイキとした生命力を演出してくれる。
その美しさを、生かさない手はないのです。

eyes produce#01

黒目コンタクトにご用心 大切な白目を潰している。

コスメの中でも、アイメイク関連の商品がダントツに多いのは、「目」が「私の印象」を決める重要パーツだと、私たちが無意識に認識しているからです。

「目を少しでも大きく見せたい！」という願望は、年齢に関係なく、女性のみんなが内に秘めている素直な憧れです。でも、「デカ目になりたいか？」と問われると、「いかにも、やってます感が出ている不自然なメイクはNO」と感じていますよね。

抜け感0の大人の残念デカ目

左は黒目コンタクト着用。黒が光を吸収し、表情のないコワイ目に

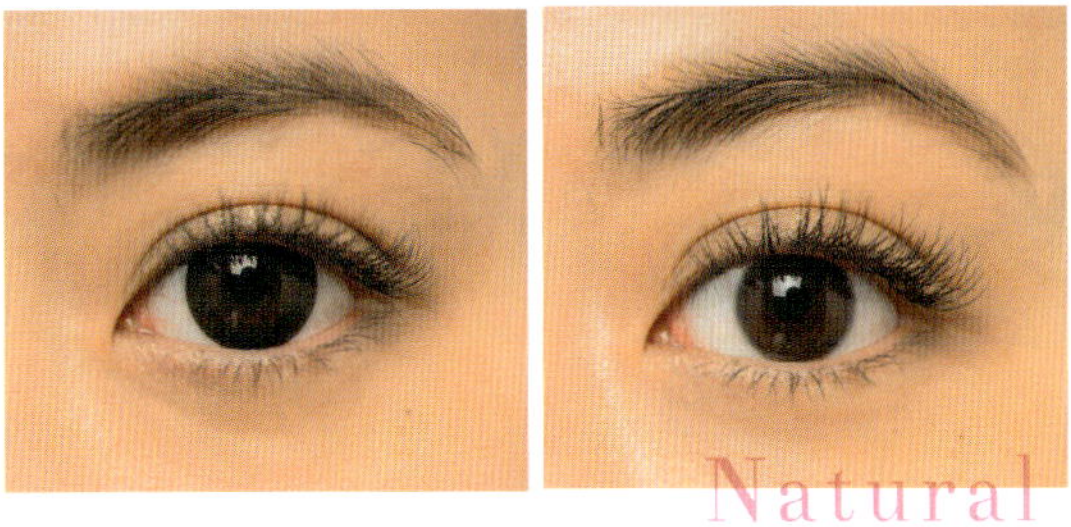

まず、最初にお伝えしたいのは、**「大人のデカ目づくりは、黒目より、白目の部分をいかにきれいに見せるかが勝負」**ということ。

特に、「黒目を大きく見せるコンタクト」を愛用している方は、デカ目以前に、コワイ目になってしまっているかもしれません。

目というのは、顔にあるパーツの中で唯一、水分をたたえている場所。その水分に光が反射して生まれる白目の輝きが、透明感や生命力といった、イキイキとした目の印象を作っているのです。

水面の輝きを絵に表すのが難しいのと同様、白目の輝きをメイクで人工的に作り出すのはとても難しい。

だからこそ、もともとある白目の美しさをもっと生かすことが、自分史上最高の目元の第一歩なのです。

瞳の黄金比率

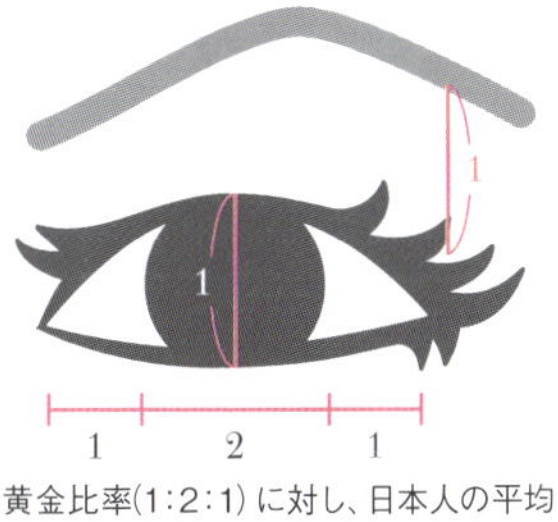

黄金比率(1:2:1)に対し、日本人の平均は、1:1.5:1。黄金比率を目指し、コンタクトで黒目を大きくしようとすると、不自然な印象になることも

eyes produce#02

日本人の6割以上は下向きまつ毛。白目にまつ毛がかぶさっていませんか？

つけまつ毛をつけたり、繊維入りマスカラをしっかり塗る派の女性は特に、「まつ毛が白目にかぶさっていないか」を確認してみましょう。左上の写真を見ると、正しくプラスできていないアイメイクは、逆に目を小さく見せてしまっていることに気づくはず。

つけまつ毛の重みを自分のまつ毛で支えきれないことも多く、白目にかぶさって

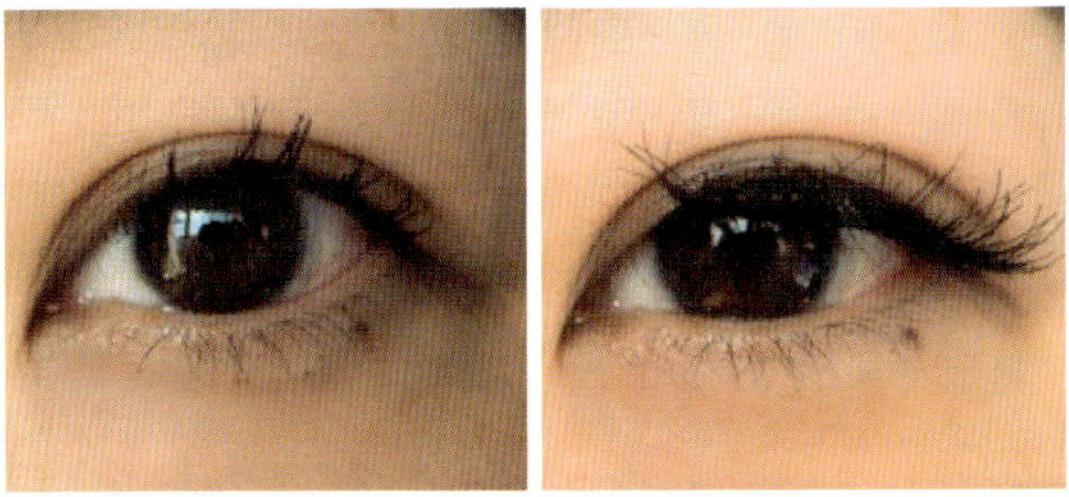

白目に影を落とさない

右は、つけまつ毛で白目が隠れてしまった例。左のようにまつ毛を根元から上げ、白目をしっかりと見せた方が、デカ目効果は高い

しまう方も多いです。使うならポイント使いがおすすめです。

また、日本人の6割以上は下向きまつ毛ですから、アイラッシュカーラーなしで繊維入りマスカラをたっぷり塗っている人も、白目にまつ毛がかぶさって、逆に目が小さく見えてしまっている可能性が。それに、私たちは一歩外に出たら、人と真正面から向き合うだけでなく、**立ったとき、座ったとき、振り向いたとき、360度、上からも下からも斜めから見られますし、伏し目になった瞬間なんかは、すごく人に見られています。**

メイクを完ペキにして、自分にOKが出せていたとしても、背丈が少し上の男性の目線から見れば、白目にまつ毛の影がかかっていて、瞳が見えていない……なんてこともありえます。

「あ、この人は目を大きく見せたかったんだな」と、気持ちが透けてしまうようなアイメイクになっていないか、今一度、冷静になることも大切です。

eyes produce#03

アイラインはダークブラウンを定番に。漆黒ラインは大人には「やりすぎ」。

アイラインといえば黒！　という方も多いでしょう。もちろん間違いではありません。でも私は、大人の女性には断然ダークブラウンをおすすめします。日本人の特徴である、黒髪と黒い瞳。でも、よーく光を当てて見ると、真っ黒ではなく、ほとんどの人はほんのり茶色がかっているはず。つまり、真っ黒という色は体の中で決して自然な色ではないのです。だから、黒を多用するとどうしても不

[アイライナー]
ラブ・ライナー リキッド
ダークブラウン ¥1,600
(msh)
コシのある筆先で太くも細くも引ける、人気のリキッドアイライナー。速乾性が高く、アルミボトルの重みがさらに使いやすさをアップ

引いたラインが運命線。

自然になり、「やりすぎ感」が出てしまうことも。

ダークブラウンというと、「ぼんやりしそう」と不安に思う方もいるのですが、重ねづけしたり、ラインを心持ち太めに引けば大丈夫。瞳や肌の色となじんで自然に目元の強さや陰影をつけることができますし、もともと自分の中にある色なので、メイクの失敗が格段に少なくなります。

肌なじみが良く、柔らかな目元を演出するダークブラウンのアイラインに、美しくまつ毛をセパレートさせる黒のマスカラこそ、大人のナチュラルデカ目を作る最強タッグ。黒オンリーのときより目元に立体感が生まれます。

ダークブラウンのカラーは、自分の瞳の色と近いものを選ぶと、多少太くラインを引いても違和感がないのでおすすめです。

大人は黙ってダークブラウン

[アイライナー]
ロングウェア ジェルアイライナー 13チョコレートシマーインク¥3,100(ボビイ ブラウン)
発色と描きやすさを実現した、ウォータープルーフ処方のジェルアイライナー。にじみにくく、つけたてのカラーが長持ち。

eyes produce#04

大人のデカ目アイラインの法則。目尻の「三角ゾーン」をきちんと埋める。

「どの太さが正解かわからない」「まつ毛を埋めるように描いてもラインがガタガタな気がする」など、アイラインに苦手意識を持つ人は多いもの。太さも、ラインも、黒よりダークブラウンで描いた方が、肌との境界線が柔らかな分、〝明らかな失敗〟は防げます。

では、自然なデカ目になるには、ラインそのものはどんなふうに入れたらいいで

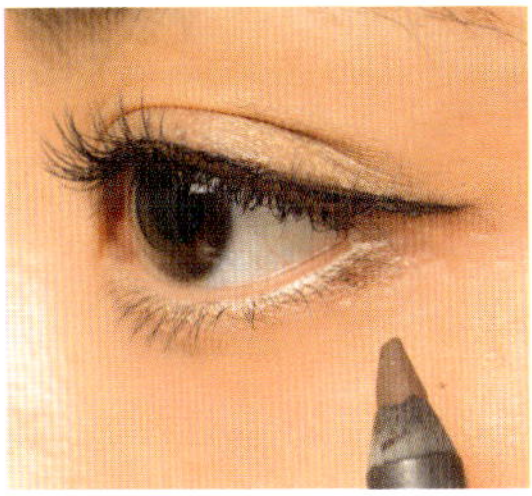

1 目尻の横を引っ張りキワにラインを伸ばす

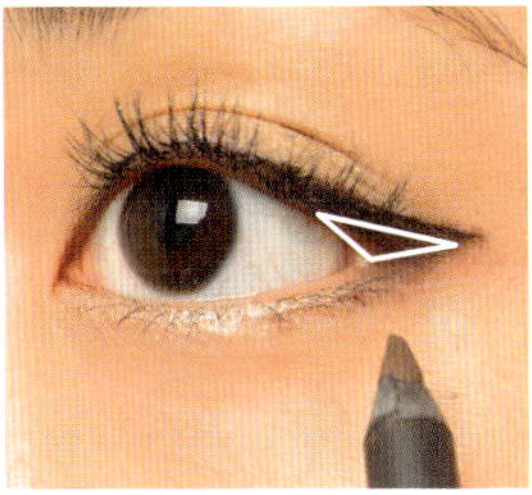

2 ラインと目尻の間の三角ゾーンを塗り込む

しょう？

セクシーな跳ね上げやかわいらしく見える目尻下げはいわば上級者向け。初心者は、まずはノーマルに、目尻から2ミリ程すっとはみ出すように伸ばすラインにトライしましょう。ラインを描くほうの目尻の横を指で後ろにちょっと引っ張り、上まぶたのキワのカーブがまっすぐになったら、そのままキワに沿ってすっと伸ばします。

普通はこれで終わりですが、大事なのはそのあと。目尻に伸ばしたラインと目尻の間に、何も描いていないスペースが空いています。ラインを描いたら、**この三角のスペースを同じアイライナーで埋めるのです。こうすることで、目の輪郭がはっきりし、自然なデカ目に見えるとともに、奥行きも出るので、目元に立体感が出てきます。**

すごく小さなポイントですが、これをするだけで目の印象が全然違ってきます。目尻の隠された三角ゾーンはきちんと埋める。これをぜひ試してみてください。

eyes produce#05

人は「まつ毛の先端まで」を目と認識する。

「デカ目のためのやりすぎメイクはNG」とお伝えしましたが、じゃあ結局、デカ目にするにはどうしたらいいの!?　と思われた方もいるでしょう。

答えを言います。

デカ目にする最大のポイントは、まつ毛。それに勝るものはありません。

私自身、仕事柄、あらゆるデカ目効果のあるメイクやテクニック、グッズを試してきましたが、最終的に、「デカ目は1本のアイラインより1本のまつ毛にあり」という結論にたどりつきました。**まつ毛を根元からしっかりと上げて、1本1本、きれいにセパレートする。これが、大人のデカ目の正解です。**

まつ毛は、上げたり、広げたり、足したりすることで、縦幅も横幅も、実際の目のサイズよりアップすることができます。また、アイラッシュカーラーでしっかりとカールすることで前後に奥行きを出し、立体感を演出することも可能。つけまつ毛やまつ毛エクステを利用すれば、目の形を変えることさえできます。

物理的なデカ目効果だけではありません。まぶたとまつ毛は一体化しているので、人の脳は、まつ毛の先までを目と認識するそうです。ですから、**先端まできれいにカールして広がったまつ毛を見れば、見る人は、「ぱっちりした大きな目」だと思うのです。**つまりまつ毛は、目の大きさや形を思い通りに変えることができる、実はすごいパーツだということがおわかりいただけると思います。

メイクとは、極端にいうと、目の錯覚を利用して美しく見せるもの。こうした考え方を理解すると、もっと効果的なメイクができるようになります。

これからのデカ目メイクはぜひ、もっとまつ毛に注目してほしいと思います。

eyes produce#06

アイラッシュカーラーは、引くな、上げるな。

まつ毛が「少なくなった」「短くなった」と悩む方の多くは、アイラッシュカーラーを間違って使っています。特に最近、過度にカーラーを引っ張り上げる方法が流行っているようですが、毛根の弱い方はまつ毛が抜けやすく、生えてこなくなってしまう場合も。そんな方がアイラッシュカーラーをストップして3ヶ月もすればフサフサのまつ毛を取り戻す、というケースをいくつも見てきました。

24時間カール死守。

［マスカラ下地］
キャンメイク　クイックラッシュカーラー　透明　¥680
（井田ラボラトリーズ）
強いカールキープ力で、1日中くるんとしたまつ毛を叶えてくれる、コスパ最強のマスカラ下地。マスカラ後のトップコートとしても使える。

自然で美しいデカ目を作るまつ毛は、

1　まつ毛が1本1本、放射状に広がっている。

2　まつ毛が白目にかぶさっていない。

3　まつ毛が根元から立ち上がっている。

の3つ。このポイントを押さえれば、誰でも美しいデカ目を作ることができます。

それを踏まえたアイラッシュカーラーのかけ方をご紹介しましょう。

STEP① スクリューブラシなどでまつ毛の根元を整えてから、毛先が放射線状に広がっているのを確認しながら、根元↓真ん中↓毛先の順に、ゆっくりアイラッシュカーラーで挟んでいきます。

根元は、毛根を傷めたり、まぶたをはさま

×

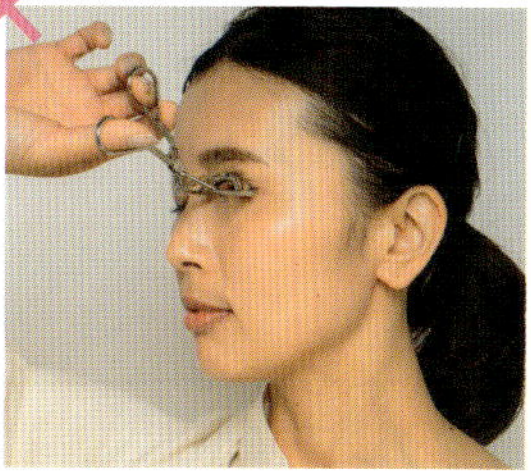

引っ張り上げると根元が傷む

○

まぶたに押し気味に力を入れる

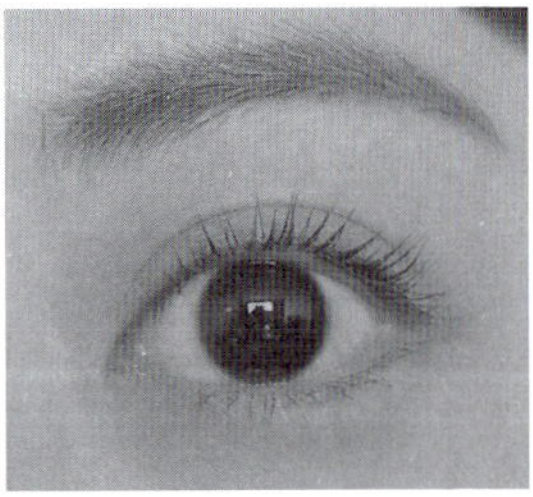

セパレートした放射状の
まつ毛が完成

ないよう、上まぶたのキワから2ミリ程あけたところをはさんでください。強くはさむと毛が抜けてしまう原因となるので、根元ではゆっくりとはさみます。

そして、無理やり引っ張って上げるのではなく、アイラッシュカーラーをまぶたに少し押しつけ気味に。押すことで引っ張られずカールが強くしっかりかかり、まつ毛を上向きにする力が働きます。

STEP②真ん中→毛先は、根元よりも強めにかけます。真ん中で二つ目のカールの始点を作ることで、まつ毛が上を向く力が強まり、カールが長持ちします。最後に、まつ毛の先端にしっかりかけることで、くるんっとした放射状のまつ毛になります。

STEP③まつ毛を1本1本ブラシで整えるように、カールキープ剤やマスカラを塗っていきます。ブラシを小刻みに左右に動かしながら塗ると、まつ毛がセパレートしやすくなります。

これで完成。きれいにセパレートした放射状のまつ毛は、まるで羽のよう。目元を華やかに見せ、表情まで明るくしてくれます。

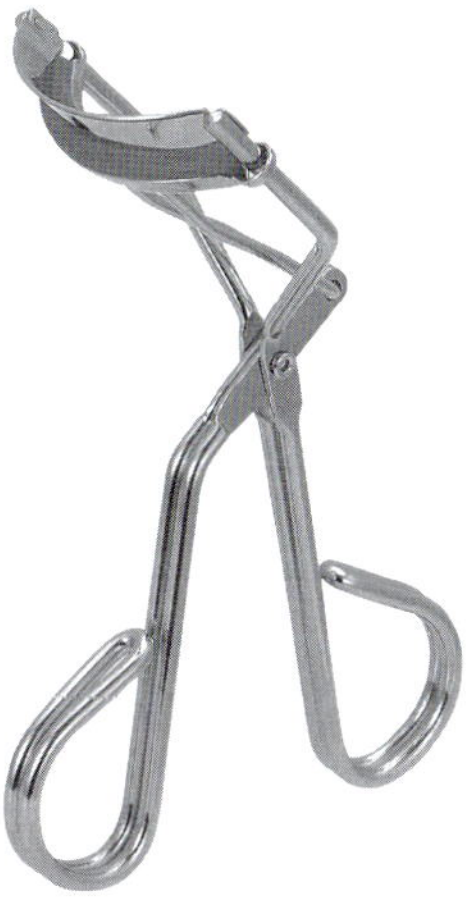

上がりにくい人のための最強カール

［アイラッシュカーラー］
ヒロインメイク アイラッシュカーラーN　¥800（KISSME［伊勢半］）
一度でまつ毛全体をつかめ、根元からがっつり上げてくれる。まつ毛の生え際に密着させられるよう、フレームにも工夫が。

まぶたのカーブが強めなら

［アイラッシュカーラー］
SUQQU アイラッシュカーラー　¥2,000（SUQQU）
特殊な形状の金属部分をアイホールに沿って押し当てると、まつ毛をしっかりとらえ、簡単に根元から自然なカールが作れる。ホリ深めの人におすすめ。

不動の人気！日本人の大定番

［アイラッシュカーラー］
資生堂　アイラッシュカーラー
¥1,000（資生堂インターナショナル）
何千人もの日本女性に合わせて開発されたフレームがまぶたの丸みにフィットし、まつ毛を無理なくアップ。手頃な価格と使いやすさで定番的人気。

eyes produce#07

アイラッシュカーラーは熱＋圧が最強。

アイラッシュカーラーは、ぱっちりしたデカ目のために必須のアイテム。でも、力任せに引っ張ったり、強く圧をかけすぎてまつ毛が抜けてしまい、まばらになってしまった人や、毛根そのものを傷めてまつ毛が生えてこなくなった人、さらにそれをカバーしようと濃いアイメイクをしてさらに毛穴にダメージを与え、もっと生えてこなくなるという悪循環に陥っている人がたくさんいます。

まつ毛の生え方や毛質によっては、力いっぱい圧をかけないとすぐ下がってしまう人もいるので難しいのですが、まつ毛がなくなってしまっては本末転倒。

そこで、**「圧で上げる」ことだけに頼らず、毛の「熱で形状記憶する」性質を生かし、髪の毛にコテを使う熱の原理で仕上げましょう。**

たとえばアイラッシュカーラーを使う前にドライヤーでちょっと温める。これだけでまつ毛に熱が伝わり、ぐっとカールしやすくなります（温めすぎてやけどしないように注意してくださいね！）。

まつ毛を休めたい方やアイラッシュカーラーと併用したい方は、ホットアイラッシュカーラーもおすすめです。

これはマスカラのあとにまつ毛をきれいにセパレートするのにも使える優れもの。ぜひ一つ、持ってみてはいかがですか？

熱の力を拝借

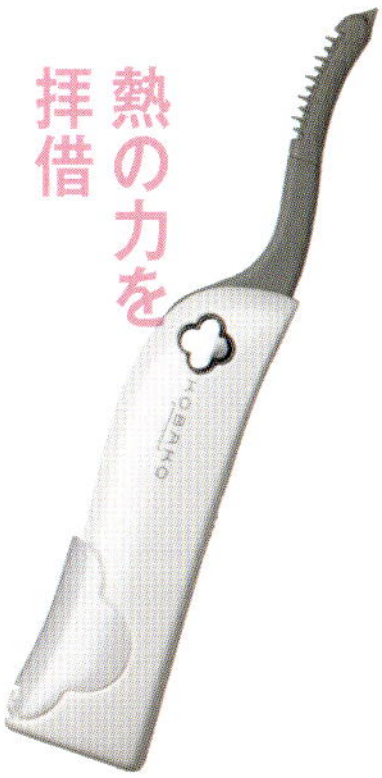

［アイラッシュカーラー］
KOBAKO ホットアイラッシュカーラー
¥3,000（貝印）
持ち運びにも便利。アームを出すとスイッチが入り、ヒートパネルが加熱。マスカラ後、まつ毛１ヶ所に２～３秒当ててすべらせながら、全体をアップ。

eyes produce# 08

大人のマスカラに繊維はいらない。繊維なしのフィルムタイプを選ぶ。

まつ毛を長く見せる繊維入りマスカラが人気です。でも、繊維入り、うまく塗れていますか？

実は、普通にまつ毛がふさふさ生えている人は繊維入りのマスカラで、まつ毛を1本1本放射状に塗るのは至難の技。普通に塗ったら、ダマダマの「ひじきまつ毛」になりがちです。これでは、大人のめざすべきセパレートした美まつ毛から遠ざかる一方なので、いっそのこと繊維入りはもう手放してしまいましょう。

私のおすすめは、繊維の入っていないフィルムタイプ。なぜなら、目元にいちばん負担がないのがフィルムタイプだからです。

目の周りの皮膚は顔のほかの箇所の4分の1の薄さと言われ、顔の中でももっとも繊細な場所。さらに、年とともに皮膚が老化していくことは避けられません。ところが、ウォータープルーフタイプなど落ちないマスカラを使うと、落とすときに脱脂力の強力なリムーバーが必要になります。すると、肌を保護するのに必要な皮脂まで奪ってしまい、乾燥が進んで小じわなどの老化が加速。ごしごしこすって物理的に負荷がかかるのもマイナスです。

その点フィルムタイプは、お湯だけですっとはがれるように落ちるので安心。

メイクは、見た目や即効性ももちろん大事ですが、長い目で見ると、ケアのしやすさで選ぶことも大事。大人になると、プラスしていくだけの美容できれいになることは、だんだん難しくなってきます。プラスする前に、まずは土台。土台にダメージを与えてしまってからあわてて高いコスメを使うくらいなら、最初から負担の大きいものは使わないほうがいい。そう思いませんか？

eyes produce#09

マスカラを買う前に必ず確認すべき「盲点」。小さめブラシと、細めのボトル口。

マスカラでセパレートした美まつ毛を作るために必ずチェックしてほしいこと。まずブラシ。外資系ブランドのマスカラは、ブラシが太くて大きいものが多いですが、それは、ホリが深く、がっつり塗らないと目立たない欧米人用。日本人には、やはり**小回りがきいて目頭から目尻まで細かく塗れる小さめブラシが向いています。**毛量は、多めが◯。毛量が少ないと液が塊になってブラシにからみ、ダマになりやすいからです。毛の長さも短いほうがいいでしょう。ブラシにつく液が少ないので、まつ毛1本1本にきれいにつけることができます。丁寧に1本1本塗れば、美しいだけでなく持ちも良くなります。

次に注目してほしいのが、ボトルの口の形状。マスカラをダマにならずにきれいに塗るには、薄く何度も塗り重ねるのがいちばんですが、**ボトルの口が広いと、ブラシについた液を調整できず、まつ毛にのせたときにぼてっと付いてしまうことがあります。**ブラシについた余分なマスカラ液をあらかじめティッシュオフして使えばいいのですが、それももったいない話ですよね。ボトルの口が狭ければ、ブラシを取り出すときに口でしごいて、適量に調整してくれます。

ボトルとブラシに注目

［マスカラ］ラッシュ パワー マスカラ ロング ウェアリング フォーミュラ 01 ブラックオニキス　¥3,500（クリニーク）

フットボール型のコンパクトなブラシが短い毛もキャッチし、まつ毛をセパレート。すっと伸びた洗練されたまつ毛に。フィルムタイプ。

［マスカラ］マンハッタン ドリームマスカラ　¥3,900（MANHATTAN）

ブラシ、ボトル口の形状や大きさ、38度以上のお湯で落とせるなど、使いやすさにこだわった、著者監修のマスカラ。9種類の美容成分配合。

eyes produce#10

そもそも鏡の持ち方が間違っているマスカラは「斜め45度下」で塗る。

では、いよいよマスカラを塗っていきましょう。みなさん、マスカラを塗るときの姿勢はどうなっていますか？　だいたいの人は、鏡を顔の正面に置いたり、手に持って塗っていると思います。でも、その姿勢でぐいぐいとまつ毛を持ち上げながらマスカラを塗っていると、マスカラがまぶたにくちゃっと付いてしまい、「あ〜失敗しちゃった！」なんていうことも。

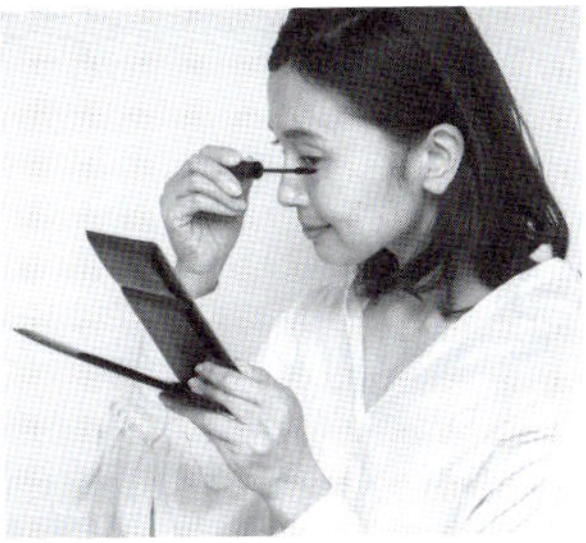

まぶたにマスカラが付かない鏡の角度は斜め45度下

実は、**鏡の位置は、正面ではなく、斜め45度下、が正解。**斜め下に鏡があると自然に伏し目がちになるので、いくらマスカラブラシで上げてもまぶたに付くことはありません。

アイラインを引くときも同様に、実は鏡が斜め下にあると引きやすい。鏡の位置が上にあるとまつ毛がかかってしまって目のキワがよく見えませんが、伏し目にしてペンシルを下から持って塗るようにすれば、まつ毛の生えギワもよく見え、しっかりときれいなラインを引くことができます。

下から細くラインを入れて、仕上がりが物足りないなと思ったら、上からリキッドアイライナーをもう一度入れるのもアリ。目元がよりはっきりしますし、持ちも良くなります。

鏡の位置というちょっとしたことですが、これだけでメイクのしやすさが全然違ってきます。ぜひやってみてくださいね。

eyes produce#11

大人のまつ毛は、照れずに「かわいい」を狙うべき理由。

つけまつ毛やマツエクなど、まつ毛メイクの進化には目覚ましいものがあります。たとえば、黒目の真上のまつ毛を長く濃くすることで、目の丸さが強調され、キュートな童顔に。目尻に長めに足せば、メーテル風のセクシーな目元、と言われています。

それなら、大人はやはりメーテル風の切れ長まつ毛よね？　と思うところですが、ちょっと待って。目尻を強調したまつ毛は、人の目を目尻に集めます。でも、目尻はもっとも「老け」が目立ちやすい場所。シワもそうですし、目尻が下がり気味になることで、顔全体のたるみ感を強調する恐ろしい効果も……！

というわけで、目尻のシワやたるみを気にする方は目尻足しはNG。では目幅全体にまつ毛をプラスする？　いえ、髪でもまつ毛でも、黒々とふさふさした毛は若さの象徴ですが、大人にはトゥーマッチ。

そこで**大人こそ、〝あえて真ん中だけ長く〟がおすすめ。**そもそも目は球体なので、全てのまつ毛が同じ長さでも、目尻は長く見えます。真ん中長めデザインはそれを自然にさせ、案外しっくりとなじむのです。真ん中が長めのつけまつ毛を、3分の1～2程度に切って、自まつ毛にプラス。これだけでマイナス5歳の若見えデカ目が完成します。

まっすぐキュートを目指す。

［つけまつ毛］
KOBAKO アイラッシュドレス BK302
¥1,000（貝印）
切れ長の魅惑的な目元を作るハーフサイズのつけまつ毛。極細&先細りの柔らかい毛で自然な仕上がり。

eyes produce#12

パンダ目を防ぐ最終回答。

「マスカラをすると必ずパンダ目になります。どうしたらいいですか？」よく聞かれる質問ですが、そもそもなぜパンダ目になるのでしょうか？

目は、眼球を保護するためにつねに水分（涙）で満たされています。そしてその水分が蒸発しないよう、目のふちの「マイボーム腺」から油分を分泌しています。

つまり、目を異物からガードするため常に天然のクレンジング成分を分泌しているので、そもそもアイメイクは崩れやすいのです。ただ、それでもマスカラは塗りたいですよね。ならば、ぜひ次のことにトライしてください。

・まつ毛をアイラッシュカーラーで根元からしっかり立ち上げる。

・上まぶたに埋もれている根元部分のまつ毛＝「隠れまつ毛」にはマスカラを塗らない。

・下まつ毛にはマスカラを塗らないと決めてしまう。

メイクは、「やり終わったときが完了」ではありません。メイクしたてがきれいなのは当たり前ですが、どんなテクニックを駆使しても**1日の中で「いちばんきれいに見せたい瞬間」に必ずパンダ目になるなら、初めからまつ毛の根元や下まつ毛には塗らないほうがずっといいのです。**

ほかのメイクを工夫したり、目元のケアをしっかりして目をはっきりさせることをがんばってみましょう。

メイクをプラスすることはいくらでもできますが、ときにはマイナスしたほうがきれいということを、意識してみてください。

eyes produce#13

内側白目の上はマスカラオフの方が、デカ目に見える。

「垣内さんはどんなテクニックを駆使して、目元作りをされているんですか？」と、わくわくしながらきいてこられる方もたくさんいます。でも実際には、お客様に「あれはやめましょう」「これもやめておきましょう」と、マイナスする方向でアドバイスすることのほうが多いです。

そして、勇気を持ってやめてみたら、「やらないほうが目が大きく見える！」と、びっくりされます。

その理由は、本書で最初にお伝えしたように、白目効果。白目の中でも特に大事なのが、目頭側の、内側の白目。内側の白目は、鏡で正面から見るととても小さいスペースなので、ふだんあまり気にしないかもしれませんが、眼球の動きにつれて、大きさも輝きもよく変化するところ。透明感や力強さといった、目の魅力の源なので、ぜひ、もっと気にしてほしいのです！

そのためには、たとえば、**目頭寄りのまつ毛が下向きに生えている人は、その部分のマスカラはオフ。**狭いスペースなので、**つけまつ毛やマツエクも、せっかくの白目にかぶさってしまうので、目頭側にはつける必要はありません。**また、目頭は多くの水分や油分を分泌するので、アレルギーや、目のかゆみが出がちな人も、なるべくメイクを避けたほうが無難です。

なお、目頭側のまつ毛が下向きで、かつ長さのある方は部分用アイラッシュカーラーなどで根元からまつ毛をしっかり上げるだけで、白目がきれいに見え、デカ目効果も絶大に。

eyes produce#14

即ハーフ顔。ノーズシャドウを、あきらめなくていい。

おうとつの少ないのっぺり顔が主流の日本人にとって、ホリの深い欧米人の顔は永遠の憧れ。

ホリというと即、ノーズシャドウに手が伸びますが、いかにも「やってます」感が出て残念な結果になってしまうのもノーズシャドウです。人によって目の位置や鼻の高さが全然違うので、「どこにどの程度入れるのが正解なのか」がわかりづらいメイクなのですね。

ノーズシャドウというくらいなので、「影、とにかく影を作らなくては！」と、パレットのいちばん暗い色を使うと、黒すぎて「欧米人」というより一気に「舞台役者風のメイク」に。それ以前に、目の周りはクマが出ている人もいるので、ノーズシャドウを入れることでクマが強調され、顔全体がくすんで見えてしまっている人もいます。

それでも、憧れのハーフ顔に近づきたい！

ならば、プロのヘアメイクさんが作る精巧なノーズシャドウをそのまま真似しようとするのではなく、もっと簡単に考えましょう。

もともと、顔の中で、鼻の付け根のサイドはいちばん奥に引っ込んでいますし、眼球は前に出ています。この差が日本人より欧米人の方が大きいので、メイクで強調して立体感を出せば良いのです。

まずはじめに、まぶたは全体にアイシャドウを塗って、その上からいつも通りまぶたのいちばん高いところにラメ入りのハイライトを縦に入れて立体感を出しましょう。

まぶたが明るくなったら、次は鼻の付け根のサイドの部分の影を作っていきます。眉頭の下のちょっと鼻寄り、目頭のほんの少し上の部分所のくぼみに、遠く、小さく見える効果があるダークカラーを少しずつのせていきます。

あまり細い筆を使うと線のようになってしまうので、アイシャドウブラシくらいの細さで、先がラウンド状になっているブラシがおすすめです。ちょうど、指の先がおさまるくらいの面積の所（P51下写真参照）に、ちょんちょんと入れていきましょう。

ノーズシャドウは、アイブロウパウダーと兼用している人も多いと思いますが、**ノーズシャドウとして使うなら、３段階の色のいちばん薄い色か真ん中の色を目安にしてください。**

くれぐれも、**絶対に眉より暗い色にならないように注意してくださいね。**もともと暗い部分なので、自分の肌色から離れすぎない、肌よりワントーン下くらいの暗さを使った方がちょうど良く仕上がります。どうぞ忘れずに。

そして最後に大事なポイント。ブラシにノーズシャドウを取ったら、必ず手の甲で色味を調整してから塗ってください。化粧直しがしづらい部分なので、失敗したらあとがたいへん。この一手間で成功率がずっと高くなります。
いかがでしたか？　あくまで自然なノーズシャドウに、ぜひトライしてみてください。

ホリが深いは、作れる

［アイシャドウ］
アディクション ザ アイシャドウ
033 アースウィンド　¥2,000
（アディクション ビューティー）

99色のカラーバリエーションがあり、ベージュ系のグラデーションが豊富。肌よりワントーン下の色で、ほのかな影をつけて。

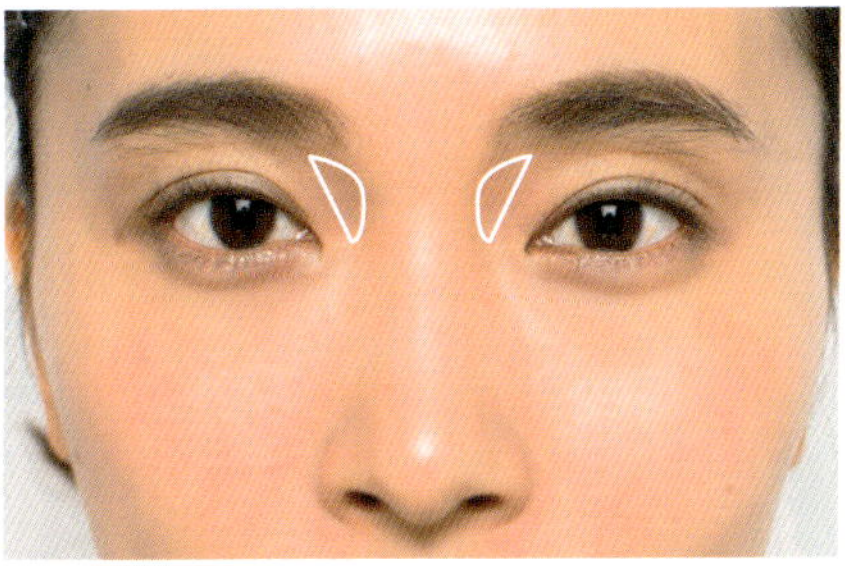

眉頭下の、若干、鼻寄りの部分に少しずつ影を足す

鼻の付け根横のくぼみ、
指の先がおさまる部分に

Recommended

ざわちんさん

光を利用した目元作りテクニック、すごい！

この本にはプロのメイクの方でも知らない、専門家だからこそわかる目元の知識が詰まっています。特に〝光を利用した目元づくり〟は、若返りメイクやモテメイクにも活用でき、キラキラとした目を求める女子には必要不可欠♡

ステージ上で強いライトにあたりながらパフォーマンスする韓国や日本のアイドルは、ライトをうまく利用しながらテレビや大画面に映ったときでも目をキレイに見せられるように、光を駆使しているんだ！　それくらい光を利用した目元作りは本当に大事ですよ。

Profile

ものまねメイクファンタジスタ。1992年生まれ。日本で初めて"芸能人のものまねメイク"というメイクの新分野を確立。そのレパートリーは200人を超え、年齢・性別・国籍さえも超える。

CHAPTER 2

脱ブラウン。「しっくりゴールド」こそ七難隠す

アイシャドウは定番のブラウンさえ持っておけば安心。
本当にそうでしょうか？　むしろ、くすみを強調していませんか？
私がおすすめしたいのは「ゴールド」。
まぶたに光を集め、美しくカールしたまつ毛を
強力に引き立ててくれる。
自分の「しっくりゴールド」を持てばもう怖いものなし、です。

脱ブラウン。持つべきは、自分の「しっくりゴールド」。

eyes produce#15

大人専用「しっくりゴールド」の選び方。

アイシャドウは、メイクのなかでもいちばんカラーで遊べる場所ですが、デイリーに使う基本色はブラウン、という方が多いのではないでしょうか?

ブラウンシャドウの効果は、目元を引き締め、ホリを深く見せてくれることですが、顔色がくすみがちな大人が使うと、引き締めるどころかお疲れ顔になってしまうことも。

そこで私が絶対の自信を持っておすすめするのは、ゴールド。アイシャドウはゴールドさえ持っておけば間違いなし！　と言っても過言ではありません。

私自身、まぶたの色素沈着があるのでなかなかしっくりくるアイシャドウがなく、試行錯誤していたのですが、あるときゴールドを使ってみて、その魔法のような効果にびっくりしました。

ゴールドはくすみを飛ばしてくれますし、グラデを出すのも簡単。そしてどんなファッションにも合う、といいことづくめ。それに何より、**大人のナチュラルデカ目に必須の、「美しくカールした、1本1本セパレートした美まつ毛」を、強力に引き立ててくれるのです。**

ただ、一口にゴールドといっても、黄色っぽいイエローゴールドに赤みのあるピンクゴールド、淡いシャンパンゴールド、肌色に近いブラウンゴールド、ブルーがかったシルバーゴールドなどなど、色味も粒子の細かさも本当にいろいろ。そのなかで自分に合うのはどの色なのか、色味は見た目と塗ってみたときで全然違いますので実際にタッチアップして相性のいいゴールドを見つけてください。一度見つかれば、自信を持って使えるので、ぜひ楽しみながら見つけてくださいね。

目安としては、イエローベースさんなら、ピンクゴールドやイエローゴールドなどの暖色系を、ブルーベースさんなら、シャンパンゴールドやシルバーゴールド、ホワイトゴールドなどの寒色系のゴールドを選ぶといいでしょう。

テクスチャーは、大人の女性の乾燥しがちな肌に「透け感」「ツヤ感」「抜け感」を出してくれるクリームシャドウがおすすめです。オイリー肌でシャドウがよれやすい人は、ティッシュなどでまぶたの油分をオフしてから使うようにしましょう。

私のおすすめする塗り方は、まぶたの真ん中から指で左右にすっすっと広げるワイパー塗り。そのあと、目のキワに重ねてもOK。1色できれいなグラデーションに仕上がります。

ゴールドはもともと光を反射するカラーなので、

指で2色をミックス

［アイシャドウ］

to/one（トーン）／ペタル アイシャドウ 16 ¥2,200（トーン）

ウチワサボテンオイルとフラワーエキスを使い、しっとりとした透明感のある仕上がりに。ふわりと重ねるだけでくすみを飛ばし、目元が明るく。

［アイシャドウ］

アイ フォイル　シャンパン ゴールド　¥3,000（シュウ　ウエムラ）

メタルのような強い輝きと発色が持続する、リキッドアイシャドウ。軽やかなテクスチャーで肌に密着し、よれづらく、落ちにくい。

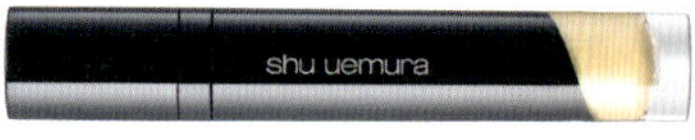

色白さんのゴールド

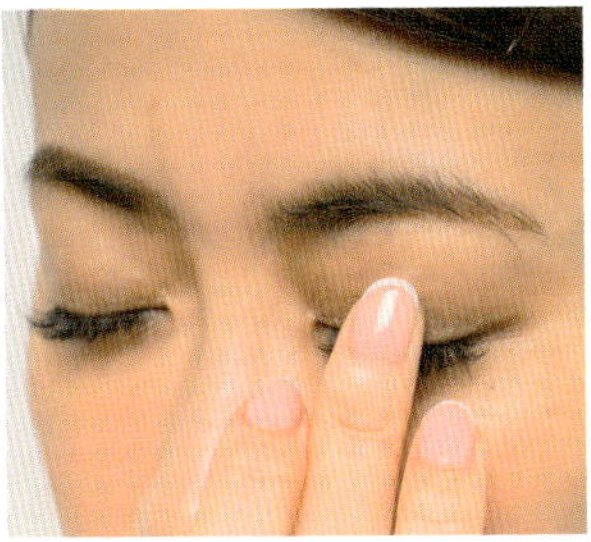

まぶたの中央からワイパー
塗りで自然なグラデを

ざっくりとした塗り方でも失敗が少なく、気楽に使えるのもいいところ。
ほかのカラーを使いたいときも、まずアイホール全体に薄くゴールドを塗り、その上からカラーアイシャドウを使うと、まぶたのくすみを飛ばしてくれるので、上にのせたカラーが美しく発色します。
これまで、ブラウンアイシャドウをメインに使っていた方なら、ブラウン寄りのゴールドから始めるのもいいと思います。引き締めつつも目元が明るくなり、まつ毛もきれいに見える。きっと効果に大満足してもらえると思います。

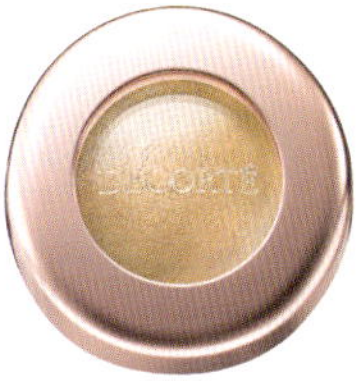

これだけで立体感

[アイシャドウ]
アイグロウ　ジェム
GD081　¥2,700
(コスメデコルテ)

塗るだけで立体感。GD081はほかで見ない優美なアッシュゴールド。これだけでメイクの仕上がりが一段アップ。

[アイシャドウ]
レブロン　カラーステイ
クリーム アイ シャドウ
705 クレームブリュレ
¥1,200（レブロン）

水に濡れたツヤを

水に濡れたような輝きと、自然な発色が続くクリームアイシャドウ。肌になじむヌーディベージュで、くすみを飛ばし大人っぽい目元に。

eyes produce#16

たるみまぶたは、アイラッシュカーラーでまつ毛ごと持ち上げる

毎日欠かさず鏡で見ている〝目元〟は、誰もが変化に気がつきやすいところ。

◎最近、一重から二重になった↓まぶたが下がってきたから。

◎まつ毛が下がってきた↓まぶたが下がり、毛根が下向きになりだしたか、まぶたにまつ毛が乗っかりだしたから。

◎まつ毛が短くなってきた↓まぶたが下がり、まつ毛の根元が隠れてきたから。

◎アイラインがヨレやすくなった↓まぶたが下がったから。

そう、目元の変化の多くの原因はたるみ。それをカバーしようとアイラインやマスカラなどプラスのメイクをしすぎると清潔感がなくなり、ますます老けを感じさせてしまう……。これが、大人の美容の落とし穴です。

だから、大人の美しさには「マイナス美容」。そのときいちばんのポイントとなるのがまつ毛だと私は思っています。肌のツヤ感をアップさせたり、血色チークにしたりと、若見えテクはいろいろあれど、キュンッと上を向いたまつ毛の効果にはかなわない。そう思うのです。

ですから、まぶたがたるんできたなと感じ出したときこそ、まつ毛上げをがんばりましょう。一番目立つ毛先だけ上げてもダメ。まず、たるんできたまぶたを指でしっかりと持ち上げ、**内側に入り込んだ「隠れまつ毛」を表に出してあげて、根元から2ミリ程離した所にアイラッシュカーラーを当ててまつ毛を立ち上げてください（P30参照）。**

美容の基本は、まず「自分を知ることから」。自分を知ることで、やるべきことが正確にわかるようになるのです。

eyes produce#17

たるみ引き上げアイラインは「下まぶたの延長線上」。上まぶたの延長で引かない。

「人の脳はまつ毛の先端までを目と錯覚する」というお話をしましたが、脳は、顔のなかにある線や影、色などを勝手に結びつけて認識します。ですから、この脳の錯覚効果をメイクに取り入れると、効果的に「なりたい雰囲気」を演出できます。

たとえば私の場合、性格が男っぽいので女らしく見られたくて（笑）、あえて前髪を柔らかい弧を描くように、横に流すことが多いです。すると、前髪のラインと

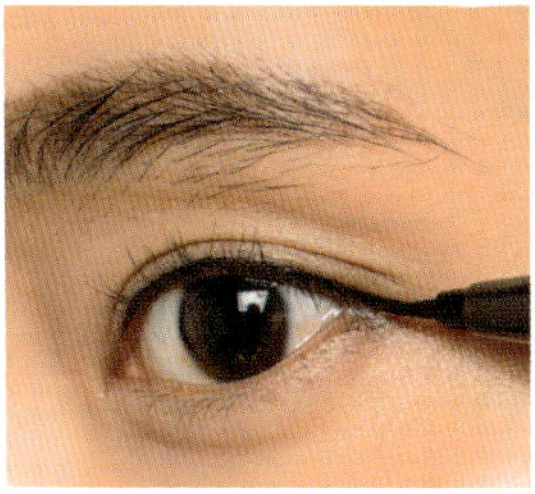

1 目尻までは通常と同様にラインを引く

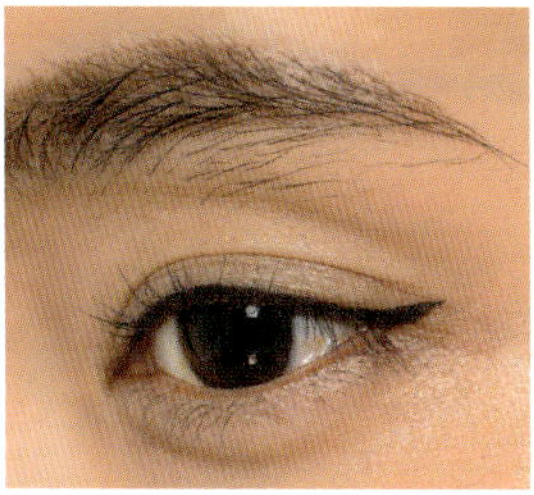

2 下まぶたから伸びるようにスッと上へ

目の下の丸いラインがリンクして、見た人は、全体として、柔らかい丸い雰囲気を受け取ってくれます。

この目の錯覚を利用して、まぶたのたるみの引き上げをねらうこともできるのをご存知ですか？　それは、目尻の跳ね上げアイライン。普通、アイラインは上まぶたの延長線上に引きますが、**たるみ引き上げ効果をねらうときは、〝下まぶたの延長〟を目安にしてみてください**（左右差があるときは、どちらかに統一を）。すると、あごのラインと反応して、顔全体がキュッと上がったように見えるのです。

年齢が上がってくると、目尻、目の下、ほうれい線など、顔のなかに下向きの線が増えてきます。引き上げラインは、その下向きの線を打ち消してくれる効果があるのです。

ほんの2～3ミリの跳ね上げラインで「え？　こんなに上がって見えるの？」という驚きの効果が生まれますから、一度やってみる価値アリ！　です。

eyes produce#18

大人のタレ目メイクは童顔どころか「老け増しメイク」

今、世の中は「愛されタレ目」が流行中。アジア人は基本つり目できつく見られがちなので、かわいらしく優しい雰囲気を出すためにタレ目、なのでしょう。

でも！　でもです。タレ目メイクは、まぶたも顔全体もみずみずしくパーンと張った若い子がやればかわいいのですが、30歳過ぎたら手を出さないほうが無難。

目尻の小ジワが出てきた大人がタレ目メイクをやると、アイラインで目頭より目

尻を下げることで、目尻の下がりを強調してしまうからです。そのため、「若見え」どころか「老け増し」メイクに。

黒のアイライナーでがっつりと目尻を塗り込むタレ目メイクは大人がやると不自然ですし、シワにアイライナーが入り込んでよれやすく、メイクが崩れるのも早い、といいことがありません。

大人になったらタレ目メイクは卒業して、「黒目の上を強調して見せる」ことを意識してメイクしましょう。ポイントは3つ。

POINT①まずしっかりアイラッシュカーラーでまつ毛をあげ、カールキープ剤を塗ります（P31参照）。

POINT②目頭は外して全体にマスカラを一度塗りします。このとき、目尻が下がっている方は目尻のまつ毛2、3本には塗らないようにしてください。

POINT③黒目の上のまつ毛が若見えのキモ！　黒目の上のまつ毛の長さを出すようさらにマスカラを重ね塗りします。そうすれば目の縦幅が増し、目が丸く見えて若々しい印象になります。

老け増しにならない大人のタレ目メイク

線じゃなく奥行きで作る

大人のタレ目メイクは危険、とお話ししましたが、それでもタレ目にしたい！　という要望は数知れず……。

タレ目メイクの何がいちばんNGかというと、黒々と、いかにも「描きました」という長く下向きに伸びたアイライン。アイラインを伸ばす長さと色、この2点を気をつければ、線ではなく奥行きで魅せる大人のタレ目メイクを作れます。

目尻のラインは目尻のキワから2ミリまで。上まぶたの延長線上にほんのちょっと足す感じです。これなら、目尻の下がりを強調しすぎることはありません。色は、黒ではなく、ソフトな印象になるダークブラウンを。

実際に引いてみると、通常のラインを引いたときと同じように、目尻と目の間に三角の隙間ができると思います（通常のラインより下の位置にできます）。ここを、ブラウンのアイシャドウでぼかしつつ塗り潰し、陰影を演出して奥行きを出します。

ペンシルアイライナーならそのまま薄く塗ってしっかりぼかして影を作ってもよいのですが、ジェルやリキッドのアイライナーの場合は、自然になじむように、目尻の三角ゾーンには必ず同色のパウダーアイシャドウを使ってください。これによって、**ラインのくっきり感が抑えられ、線ではなく、影がつく、くらいの印象になります。**

これで大人のタレ目の完成。こんなふうに、色味や質感は、その日のコンディションやシーンに合わせ、テクスチャーの掛け合わせで自分で作ってみると、メイクの腕が一段上がりますよ。

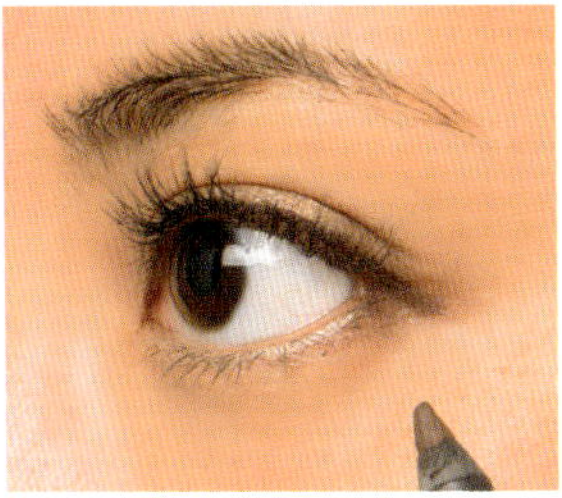

1
目尻から２ミリの自然な下ラインを

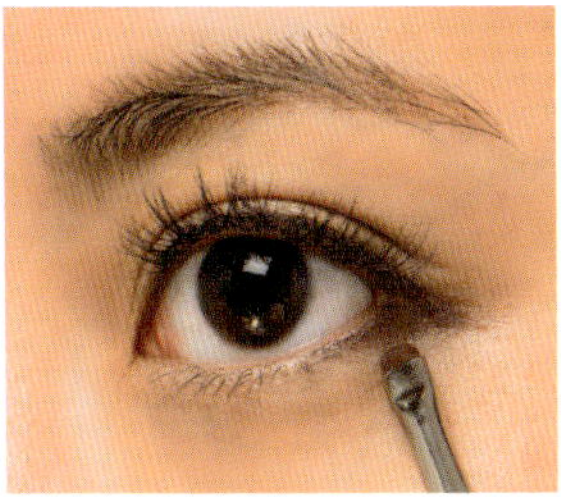

2
目尻の三角ゾーンにシャドウを

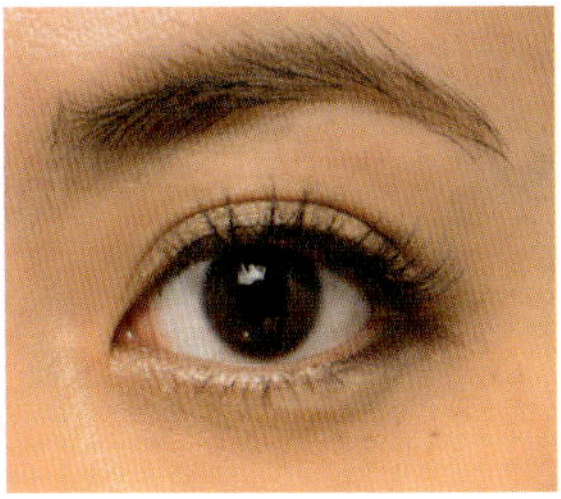

3
大人のためのタレ目メイクが完成

eyes produce#19

どこの家にでもある綿棒が、実は最強のメイクアイテムである。

大人のナチュラルデカ目のためのマストアイテム――それは、綿棒。目は粘膜が露出し、とてもデリケートな場所なので、衛生面には特に気をつけるべきところ。ブラシやチップが不衛生だと目のトラブルにもなります。綿棒を使う最大のメリットは、使い捨てできるので安全・清潔ということ。その上、メイクにもケアにもクレンジングにも使えますし、値段も超リーズナブル。種

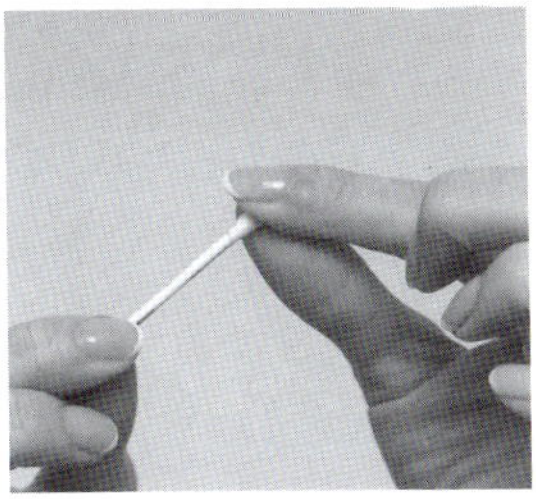
綿棒の先を指で押し潰して平らにします

類も多く、使いたいようにアレンジもでき、まさに最強です。

◎チップとして

細い綿棒を使ってアイラインを引いたり、一度引いたラインの上から優しくなでて、ふんわりぼかしたり。太さもいろいろあるので、細かいところにもぴったり。**ぎゅっと押し潰して平らにし、とがったところを使うのもおすすめです。**

◎メイク直し

アイラインや眉の微調整に最適。汗をかいたあとの皮脂や、メイク前に油分をオフするのにも使えます。二重のシワに入り込んだシャドウやファンデのオフにも。

◎クレンジング

クレンジング後、綿棒で目のキワをすっとなでてみると、まだまだメイクが残っていることも。精製水（ドラッグストアで100円くらい）を綿棒につけて、目のキワを丁寧にふきとるようにぬぐって。無印良品の、クレンジング剤つき綿棒も便利です。

eyes produce#20

大人の目元作りは〝粉物〟を捨て、「湿度の高いアイテム」に。

多くの女性は、10代の終わりくらいからメイクを始め、20代で自分の定番カラーや質感、使いやすいアイテムが決まってくると思います。でも30代になったら、一度それらを全部見直してみることをおすすめします。

理由の一つめは、若い頃に流行っていたメイクを大人になってもやっていて、いつの間にか〝古い人〟になっているかもしれないから、ということ。

もう一つは、老化により肌の質感が若い頃と変わってきているからです。老化を目立たせるのも、進行させるのも、最大の原因は「乾燥」です。そこで、スキンケアやUVケアはもちろん、メイクでも「湿度感」を感じさせたり、湿度を与えるコスメを選ぶようにしてください。

アイライナーなら、ペンシルよりジェルタイプを。アイシャドウならパウダーよりクリームタイプを、という具合に、すべてのアイテムでツヤ感をアップしていくと、大人にはちょうどいいと思います。

ですから、〝粉物〟メインでメイクしていた人はもう総とっかえしてもいいくらい。どうしてもお粉を使いたい場合は、シワの部分に使うときには本当にうすーく、ごくわずか使うようにするなど、十分気をつけてください（シワに粉がふいたときの老け感はプラス5歳！）。

オイリー肌の人はクリームシャドウには抵抗があるかもしれませんが、使う前に肌の油分をティッシュオフすれば持ちはかなり違ってきます。それに、シワにメイクが入り込んだときも、パウダーに比べれば目立ちにくい。指でぽんぽんとのせるくらいのカジュアルな塗り方なら、多少崩れても指で簡単にお直しできます。

eyes produce#21

ちりめんシワは気にさせない。逆転の発想で「隠す」のではなく「視線を散らす」。

「そのメイク、逆効果になってませんか？」

と聞かれたら、ドキッとしませんか？　私がこの本を書こうと思ったきっかけの一つは、きれいになるためにしているメイクなのに、逆に〝きれいを遠ざけている〟人が多すぎる！　と思ったことです。

「目の下真っ黒のパンダ目」もその代表的な例。私たちのメイクは、モデルさんや女優さんのように、いちばんいい状態をパッと撮影して終わり、ではありません。朝メイクをしたら、夕方までなるべく化粧直しをせず、ベストな状態をキープするのが最大の目的です。ですから、パンダ目になるとわかっているならマスカラやアイラインは、初めからやらないほうがいい、ということになります。

シワを隠すための厚塗りメイクも同じ。顔筋は動くので厚塗りにすると、薄く塗ったときより絶対によれやすくなります。時間が経つとメイクがシワに入り込み、シワを強調。その日1日、会った人みんなに「シワを見て」と言って回っているようなことに……。きれいになるはずが、もっと老けて見せていたなんて哀しすぎます。

具体的なポイントは、①「隠す」よりも「視線を散らす」、②マイナスメイク、③土台のメンテナンス（第5章で詳しく解説します）です。

つまり、**シワなど、気になるところはあえて塗らない、触らない、何もしない。**自信のあるパーツに力を入れて視線を集める。ケアをしっかりする、ということ。メイクとは、描くこと、塗ることではなく、陰影などを利用して「目の錯覚を起こさせること」。そう考え方を変えると、これからさらに年齢を重ねても、ずっと、上手なメイクができていくと思います。

eyes produce#22

クマはコンシーラーで隠すより、コーラルオレンジチーク。

クマというとすぐ「コンシーラーで隠す」という発想になりますが、クマをコンシーラーで隠すのってすごく難しいと思いませんか？

テクスチャーが硬ければ硬いほどカバー力があるものが多いですが、その分、「塗ってます」感が出てしまう。クマにも、青、黒、茶といろいろあり、その日のコンディションによっても変わるので、ぴったりの色味を見つけることも至難の技。

素人が使うには難易度が高いアイテムです。「マイナス美容」の考え方でいけば、コンシーラーは使わないのがベスト。**「黒さを隠す」よりも、「血色を足す」という考え方でいきましょう。**

ファンデーションを塗る前に、顔全体にピンク系の下地を塗るだけでもカバーできますが、簡単で効果抜群なのはチーク使い。コーラルオレンジのチークを、目の下から指1本分離した位置にのせるのがおすすめです。気をつけたいのが色のセレクトで、若い子がよくやっている赤みチークは大人がやると「酔ってる？」としか見えませんが、黄味のあるコーラルオレンジなら、白浮きさせず、ナチュラルな血色の目元に仕上がります。

忙しい朝でもすぐにできる方法ですから、ぜひ明日からトライしてみてください。

［チーク］
キャンメイク　クリームチーク 07　¥580
（井田ラボラトリーズ）
頬にのせた瞬間すっと溶け込んで、肌の内側からにじみ出るように発色。赤すぎないコーラルは大人にも使いやすい色。

［チーク］
クリーミィ ブラッシュ 01 キトゥン　¥3,000
（セット価格）（ポール & ジョー ボーテ）
なめらかなテクスチャーで毛穴レスなツヤ肌が叶う、高発色血色チーク。パッケージもかわいい。

COLUMN

まつ毛エクステを

味方につける方法

まつ毛エクステ、というとどんなイメージをお持ちですか？ 「やりすぎ」「若い人がするもの」と思われる方もいるのですが、私はむしろ30代以降の方にいちばんおすすめしたいのです。取り入れ方しだいで大人のナチュラルデカ目の強力な味方になってくれます。未体験の方は、ぜひもっとまつエクのことを知っていただけたら、と思います。

まつエクは、専用のグルー（接着剤）で自まつ毛1本1本に人工のまつ毛をつける技術。太さや長さや本数、カールなどを調整することで、さまざまなデザインを楽しめます。

まつエクのメリットはいろいろ。まず、目元がパッチリするので「スッピンでもそう見えない」。涙や汗に強く、3、4週間に1度のメンテナンスで良いので毎朝のメイクが楽になりますし、化粧直しもぐっと楽に。

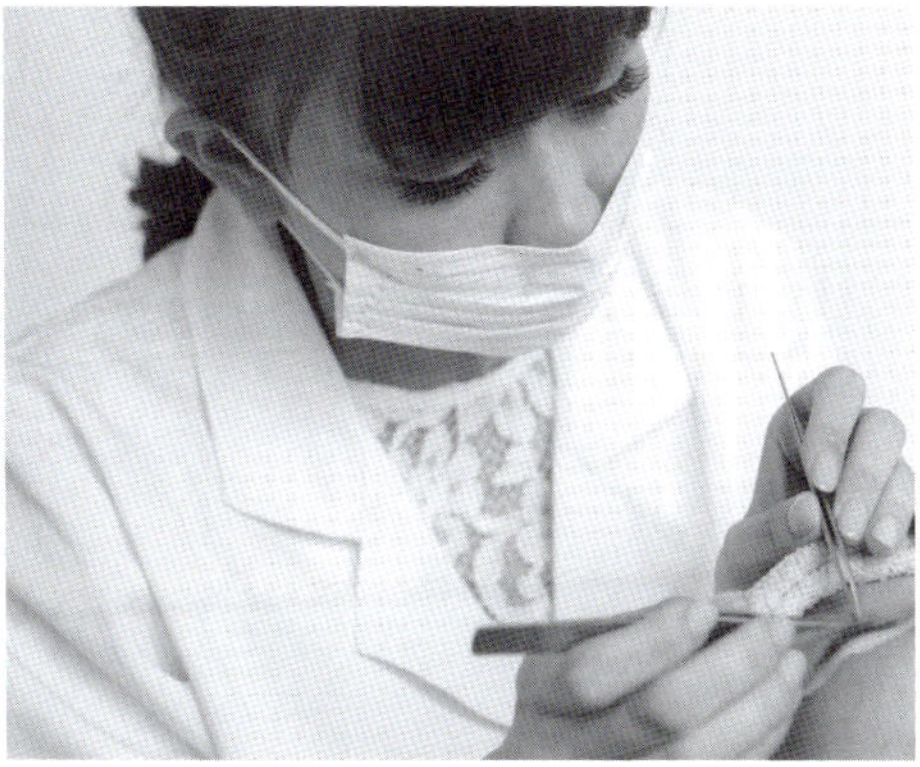

ケアの面では、マスカラを塗らない分クレンジングの必要がないので、摩擦やリムーバーで皮膚を傷める心配がないですし、アイラッシュカーラーをかける必要もないので毛根を傷めることもありません。

また、**毛根を傷めてまつ毛が少なくなってしまった方でも、まつエクをつけることでアイラッシュカーラーをお休みすることができ、その間に毛根を回復させて自まつ毛を復活させるサポートにもなります。**まつエクをしたらまつ毛が抜けると誤解されている方もいるのですが、むしろ、まつエクをしたら自まつ毛が増えたという方が、私のサロンのお客様でもたくさんいます。

こうしたさまざまなメリットから、まつ毛のお悩み解決になることも。ぜひ上手にまつエクを利用していただけたら、と思います。

Before

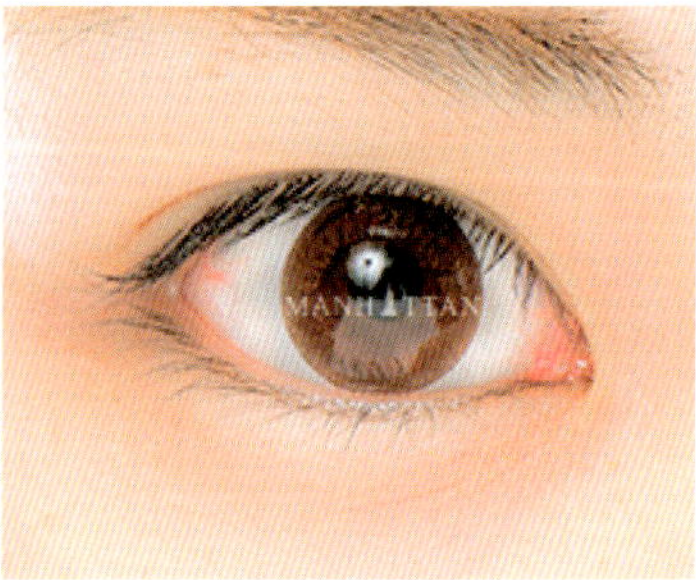

Cute

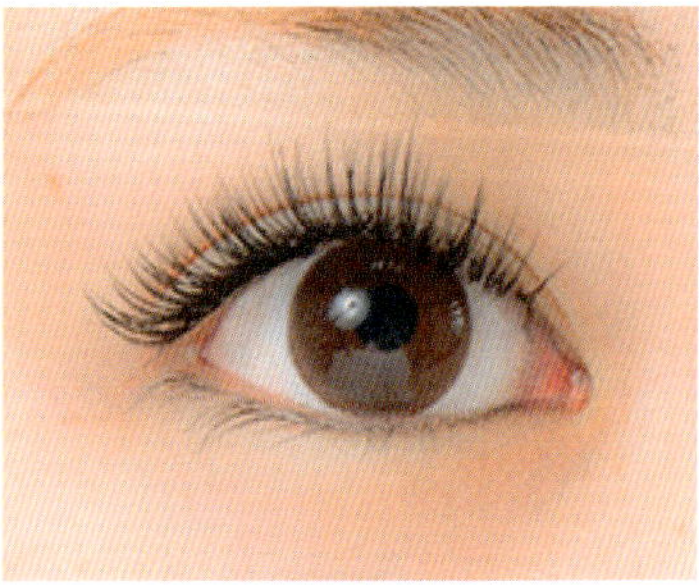

黒目の上を長く仕上げることで縦幅を出し、目を丸く見せるデザイン

では、実際につけるときのサロンでのオーダーのコツをお教えします。

まず大事なのは、施術の前のカウンセリング。どんな目元になりたいのか、なりたいイメージをアイリスト（施術者）に伝えてください。「目を大きくしたい」でも、写真を見せるのもいいと思います。それを踏まえ、お客様のまつ毛の状態を見ながら、アイリストがどんな施術をできるのか提案していきます。その方のまつ毛の状態、生え方、太さ、長さ、毛量によっては難しいデザインもありますので、しっかりと相談を。

サロンには、「ナチュラル（全体を同じ長さで仕上げる）」「キュート（黒目の上を長めにし、ぱっちりさせる）」「セクシー（目尻を長くし、目幅を強調する）」など、デザインメニューもありますから、それも参考にして

Sexy

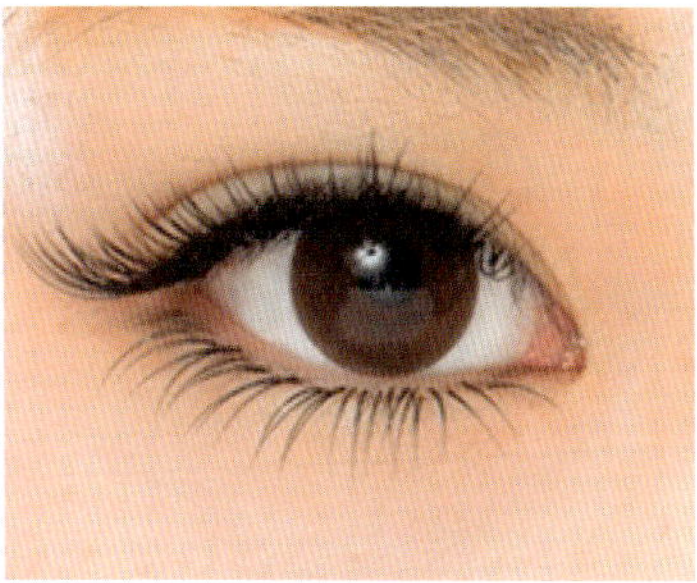

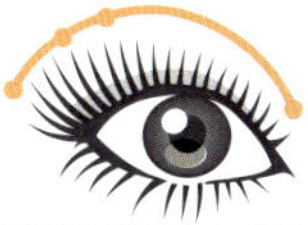

目尻を長く仕上げることで目の横幅を出し、切れ長に見せるデザイン

Natural

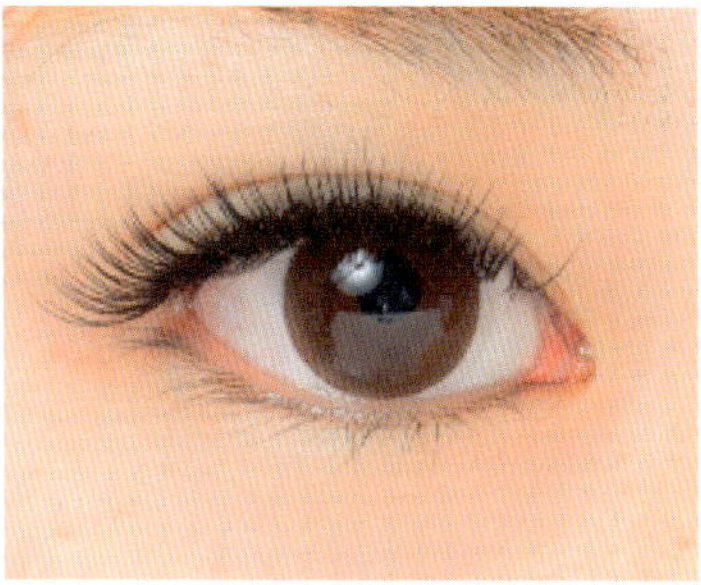

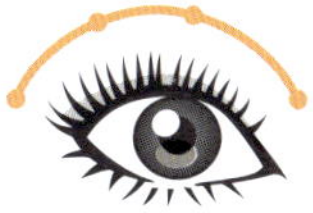

目幅全体を同じ長さのエクステで仕上げ、少し目尻が長く見えるデザイン

ください。ただ、初めての方は、「なりたいまつ毛」と言われてもあまりイメージがわかないかもしれません。その場合、大人女子におすすめのデザインは、ずばり、真ん中長めの「キュート」。デザイン名がかわいいので大人がリクエストするのは恥ずかしいもしれませんが、**大人こそ、目の縦幅アップの若返り効果が実感できますから、ぜひ、デザイン名は気にせず照れずにオーダーしてみてください。**

私は、NYでまつエクに出会い、目ヂカラが外面だけでなく心にも与える影響を実感してこれを一生の仕事にしようと思いました。みなさんにもぜひ目元プロデュースの魔法を体感していただきたいと思います。

Recommended

ダレノガレ明美さん

「目元プロデュース」、信頼しています

垣内さんのサロンに行ったことが何度かあり、その時カウンセリングで、「まつ毛がたくさん生えているからマツエクはつけない、もしくはつけても少しだけで充分」と、ただマツエクをすすめるだけではなく、その人に合った目元プロデュースをしっかりしてくれたのでとても信頼できました。

垣内さんの目元プロデュースは、「なるほど！」と思える知識が盛りだくさん。私も、この本を読んで、体の筋トレだけでなく、目元の筋トレもこれから取り入れていこうと思います！

Profile

モデル・タレント。1990年生まれ、ブラジル出身。ファッションイベントやバラエティ番組などに多数出演。2015年には初のスタイルBOOK『I'll give you my all』を発売。

CHAPTER

3

「涙袋ふっくら」見せで印象年齢を操作する

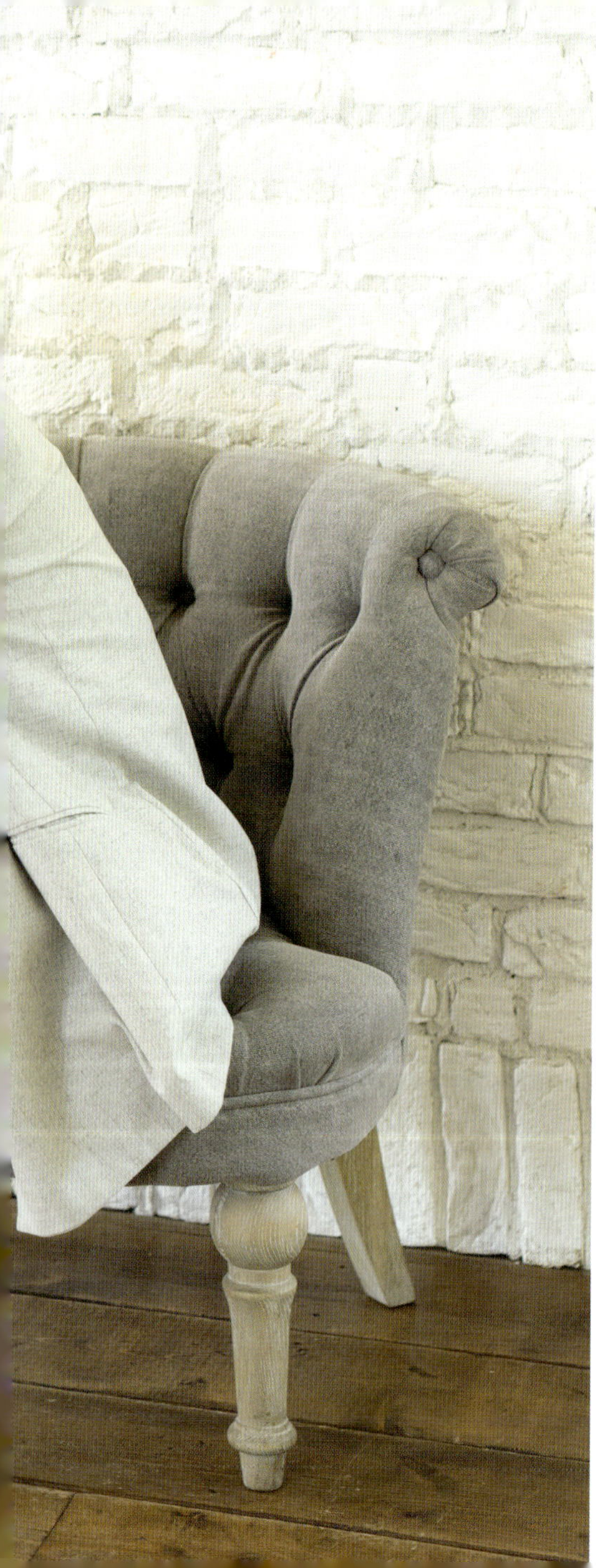

ハリのある肌ゆえに現れる「涙袋」は、
「若さの象徴」と言えます。
年齢を重ねた大人には望めないもの？
いいえ。とても簡単に、しかもとびきりナチュラルに、
メイクで作ることができるのです。
その方法を、知りたくありませんか？

「涙袋ふっくら」は若さの象徴。
それは、メイクで作れるのです。

eyes produce#23

「涙袋ふっくら」見せは、アイボリーのハイライトのみですべて解決できる。

石原さとみさんや有村架純さんなど、「涙袋＋愛されタレ目」な女優さんの人気もあって、涙袋メイクは数年前から大人気ですね。

涙袋があるとふんわり女性らしいイメージを与えられますし、笑ったとき、目元がすごく華やかでキュートに見えるもの。そして何より、涙袋という部位は肌がまだパーンと張っているからこそ現れる現象ということで「若さの象徴」でもあり、大人女子が憧れるのもわかります。

涙袋メイクは、アイラインを使って線で影を作ったり、コンシーラーでふくらみをつけたりと、まるで舞台メイクみたいに作り込むメイクが主流。

でもそれだと大人にはやっぱりやりすぎ感が出てしまい、かわいいというよりも目元が不自然でコワくなってしまいます。

大人は、もっと簡単にふっくら見せる方法でやってみましょう。

涙袋がない人が〝涙袋見せ〟するには、その部分の肌のトーンを上げるのが大事。

そこで、ハイライトのアイテムを使います。

そのやり方は、**目の下の涙袋がほしい部分に（目頭・目尻ギリギリは避けて）白すぎず、肌なじみのいいハイライトカラーをブラシでサッサッと入れるだけ。**くすみが飛んで目元が明るくなり、目頭側の内側の白目もくっきりきれいに見えます。

そして、もう少し広く、目の下全体に入れれば、まるで目に光が当たったように、目元全体を際立たせてくれます。

ハイライトの効果を最大限出すには、選び方も大事。

きっとみなさんハイライトというと「白のパール」というイメージがあるかと思

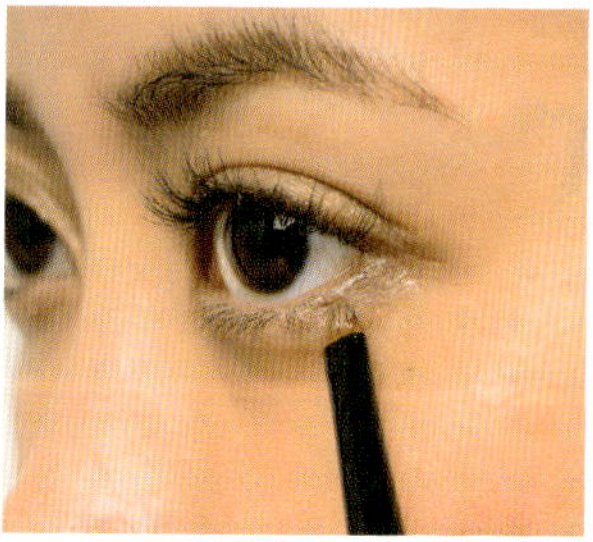

ハイライトはブラシでのせるとしっかり効果発揮

うのですが、実はそれだと肌にのせたときに強すぎて不自然です。完全な白は人の体には存在しない（白目や歯も真っ白ではない）ので、あまりにも白い色が顔にのっていると人は違和感を覚えるのです。ですからハイライトはデパートのコスメカウンターなどでしっかりタッチアップし、白浮きしていないか、時間の経過も重ねて仕上がりを確認してから選んでください。最近、デパコス顔負けの優秀プチプラコスメが出ていますが、粒子の繊細なクオリティを求めたい私は、ハイライトはプチプラよりデパコスをおすすめします。

色はラメの粒子の細かいアイボリーか、肌色より1トーンか2トーン高いベージュ系のゴールドがおすすめ。「これがハイライト？」と思うくらいの濃いめの色味こそ、大人のためのハイライト。一見、ファンデーションのような色でも、細かいラメが入っていれば、光をしっかり集め、自然な明るさとツヤ感を出してくれます。ちなみに私がよく使うのは、THREEのシマリング グロー デュオ 01の右側の明るい色。高級感のある上品な輝きが大人にぴったたりだと思います。

涙袋は、目の周りの眼輪筋が発達したものと言われていますが、年齢が上がると、お肉も落ちますし、筋肉も衰えてきます。そこでもともと涙袋が発達していた人は、涙袋が垂れ下がって見えてくることもあります。そんなときも、目の下ハイライトでカバーすることができます。

大人のメイクは「やってます」感が出たら終わり。「何もしていないように見えるのになんだかきれい」に見せるには、違和感を覚えさせるものはとことん避けるのがベスト。「ふだんの私」の延長線上のきれいさには肌色より1トーンか2トーン明るいハイライト、と覚えておいてください。特にベージュ系のハイライトはどこにでも使えますし、化粧直しにも最適なので、一つ持っておくと本当に便利です。

色選びが成功のカギ

[ハイライト]
THREE シマリング グロー デュオ 01 ¥4,500（THREE）
クリーミィな質感が肌にのせるとさらっと変化し、自然なツヤ肌に。これ一つで立体感とハリを演出。

[ハイライト]
アスタリフト フラロッソ ルーチ ハイライター ¥3,800（富士フイルム）
さっとのせればくすみを取り、光沢とツヤをまとわせる、大人のためのハイライト。メイクの上から重ねてもにごらない。

eyes produce#24

2本目のアイライナーは、白目をきれいに見せるネイビー。

目元に自然な陰影を与えてくれる基本のダークブラウンのアイライナーに慣れてきたら、カラーアイライナーにチャレンジしてみましょう。

アイライナーは、プチプラからデパコスまで、さまざまなブランドからどんどん新しいものが出ています。カラー、質感ともにバリエーションが豊富ですが、そのなかから、ブラウンの次の2本目としてぜひおすすめしたいのが、ネイビーのアイライナー。

深みのあるネイビーは、白目を美しく見せる効果が抜群。眼球の輝きと反応して、白目をいっそう輝かせ、ブラウンよりも、目元をすっきりとした印象に見せてくれます。また、目を閉じたときにさりげなく見える青色が、大人の抜け感を演出してくれます（おすすめのネイビーはＰ１７１に掲載）。

使い方は、ブラウンと同じで上まぶたのキワ全体に塗ってぼかしてもいいのですが、青っぽすぎると感じる場合は、ふだんのダークブラウンのアイラインの上に重ねるのもおすすめ。ダークブラウンを全体に引き、その上に重ねるようにネイビーを入れるのもきれいです。ブラウンとネイビーは意外と相性が良く、大人にぴったりの、知的な奥行きのある美しさが楽しめます。

ほかにも、グリーンやブルーなど、ちょっと上級者向けかなと思う色も、ダークブラウンと重ねることで自然になじみ、使いやすくなります。簡単なので、ぜひ試してほしいテクニックです。

eyes produce#25

離れ目をぐっと内に寄せる、万能「縦グラデ」テクニック。

目と目の間が離れている、もしくは逆に寄っている、そんな悩みもメイクの錯覚効果を使って位置関係を調整することで解決できます。使うのはアイシャドウ。その1アイテムだけでOKです。

普通、アイシャドウは薄い色をアイホール全体に塗り、二重の部分にいちばん濃い色を塗って横方向にグラデーション作りますが、目の位置調整をするときは、上

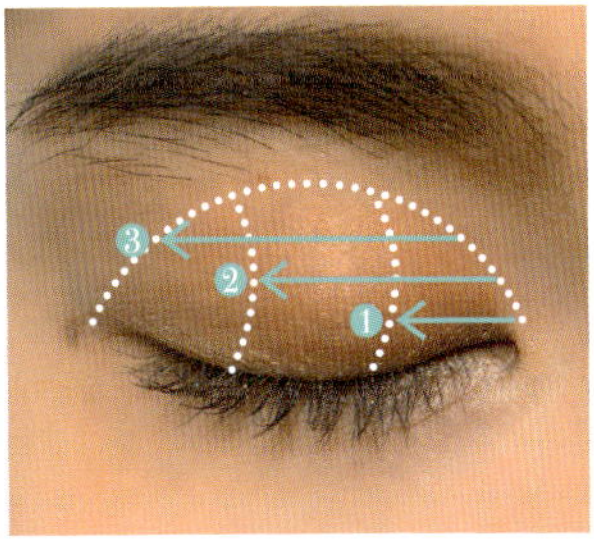

①〜③の順で塗り重ねると目が中心に寄る

の写真のように縦方向にグラデーションを作ります。

日本人は「離れ目」を気にされる方が多いですが、そういう方の場合は、目頭にいちばん濃くシャドウを入れ、目尻に向かってだんだん薄くぼかしていくと、目が中心に寄った顔に見えます。上の写真のプロセス通り、塗り重ねましょう。

ちなみに目が中心に寄っていて、むしろ離したいという方は、反対に、目尻にいちばん濃いシャドウを入れ、目頭に向かって薄くぼかしていきます。

カラーは何色も使うよりも、1色の濃淡のほうが簡単に作ることができます。

単色シャドウを重ね塗りすれば、縦シャドウの完成です。

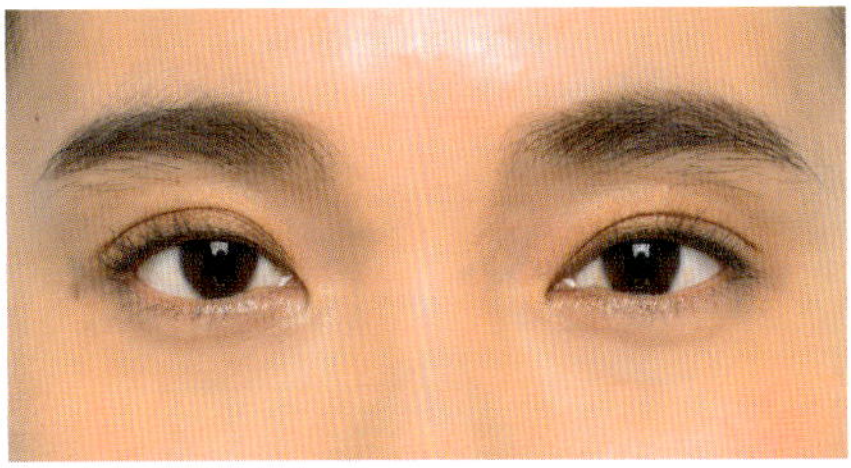
縦グラデで目と目が中心に寄って見える

eyes produce#26

フサフサ自然な太眉なら デカ目もメリハリ顔も 一気に叶う。

眉毛は、顔の表情を決める大事なパーツ。ですが、メイクがすごく難しいパーツでもあります。

難しさの理由の一つとして、眉が、筋肉（眉丘筋《びきゅうきん》）の上にのっているということが言えます。この眉丘筋を外して美しく整えても、表情が動いたときに筋肉の動きと眉がずれて、不自然に見えてしまうのです。

それに、**眉毛は、まつ毛同様、顔の皮膚の表面から生えているものなので、実は顔に自然な立体感を作ってくれています。**眉毛がしっかり生えていれば、横から見たとき、ふくらんでいるはず。美容雑誌のモデルの写真を見ると、ボーボーと言っていいくらい生えていて、ナチュラルで若々しく、立体的な顔立ちに見せています。ところが、眉毛をカットしたり抜いたりして少なくなっていると、いくらメイクでしっかり描いても、ベタッとしていて立体感がなく、のっぺりした印象に。

ですから、眉で困ったら、まずは「ふさふさ」になるくらい伸ばしてください。どんな生え方の人でも、眉をいったんしっかり生やしてから、本当に余分な眉毛だけを整えていったほうが、自分の「ベスト眉」を見つけやすくなります。目指すは自分のありのままの眉や眉丘筋を生かすナチュラル大人眉です。

流行りの太眉も、何もないところにいくら描いてものっぺり感は否めず、せっかくの太眉のかわいさは半減。眉頭の毛をしゃっしゃっと立てられるくらい生えていたほうが、より立体感が生まれ、デカ目もメリハリ顔も叶えてくれるのです。

eyes produce#27

美しい太眉は「下ライン」がキモ。1、2ミリ、パウダーで下げる。

最初にお伝えしたように、瞳の黄金比率は1：2：1。そして「目の縦幅」と「目と眉」の間も１：１になっていることが、ホリが深く美しく見える黄金比と言われます。そこで、太眉メイクをするときに、**上ではなく下のラインを足すように描くと、目と眉の間は狭くなり、黄金比に近づけます。**

描き方は、ペンシルは眉毛がくっきりしすぎるので、「パウダーで眉毛の影をつける」感覚でふんわりと描き、眉マスカラで自眉となじませます。

眉毛の場合、ほんの1、2ミリパウダーで下げるだけでもちゃんと下がって見えるので、それくらいでOK。P92でお伝えしたように自眉の位置を変えすぎると不自然になるので、下げるときも、あくまでも自眉を生かす方向で！　抜くのは、眉毛を仕上げてから、明らかにヘンなところから生えている毛だけにしましょう。

ただそのときも、眉頭と眉山だけは絶対抜かないでください。よく動くところなので、眉がないと目立ってしまいます。どうしてもその部分の眉を目立たせたくない場合は、ベージュ系の眉マスカラを塗ると、透け感が出て目立たなくなります。

太眉メイクの立役者

［眉マスカラ］
ナチュラル ブローシェイパー
06 リッチブラウン　¥3,500
（ボビイ ブラウン）

クリームジェル処方の眉マスカラ。円錐形のブラシで眉1本1本を根元からキャッチし、自然で美しい立体感を作る。

［アイブロウパウダー］
ケイト　デザイニングアイブロウ3D
EX-4 ライトブラウン系　¥1,100（編集部調べ）
（カネボウ化粧品）
3色の濃淡で眉から鼻筋にかけて自然なグラデーションが作れるパウダーアイブロウ。

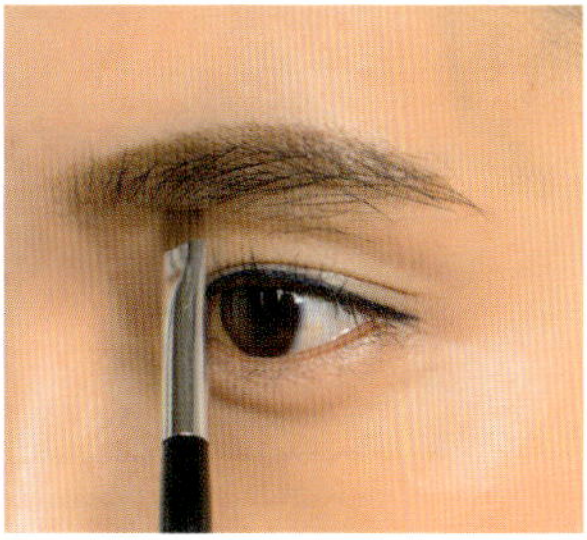

パウダーを使えば自然に仕上がる

eyes produce#28

フェイスラインのもたつきは、「ナチュアーチ眉」に描くと気にならなくなる。

今の眉メイクのトレンドになってきているのは、ナチュラル太眉&アーチ眉の「ナチュアーチ眉」。平行眉より自然で、若い女性から大人まで人気急上昇中です。なぜアーチ眉は自然に見えるのか？　年齢が上がると、目尻が下がったり、目の下にブルドッグじわができたり、頬が下がり気味になったりと、重力の作用で顔に下向きの線がたくさん現れます。そこで、**アーチ眉にして少し眉尻を上げることで、**

顔のなかに上向きのラインができ、下向きのラインを打ち消してくれるのです。

描くときは、鏡を見て、眉尻が眉頭よりも高い位置にあることを確認してください。優しい印象にしたいとか、眉にコンプレックスがあって極端に抜いたりする方もいますが、薄くしすぎるのはNG。あるはずのものがないと不自然で、目そのものの印象もぼやけてしまいます。

実は脳は眉が太くて短いほうが、目を大きく認識するのです。デカ目作りという意味でも、眉の存在感は大事なのです。

ただ、眉丘筋の位置や盛り上がり具合によって、自然に描けないという方もいると思います。眉はプロのヘアメイクさんでも泣くパーツ。ですから、自分でカットしてヘンになってしまうくらいなら伸ばしっぱなしにしたほうがいいし、思い切ってプロに任せる！　というのも一つの手だと思います。私たちは、髪の毛を自分でカットせずに美容師さんに任せますよね。眉毛も同じこと。悩んでいる方は、一度眉サロンで相談してみてもいいと思います。

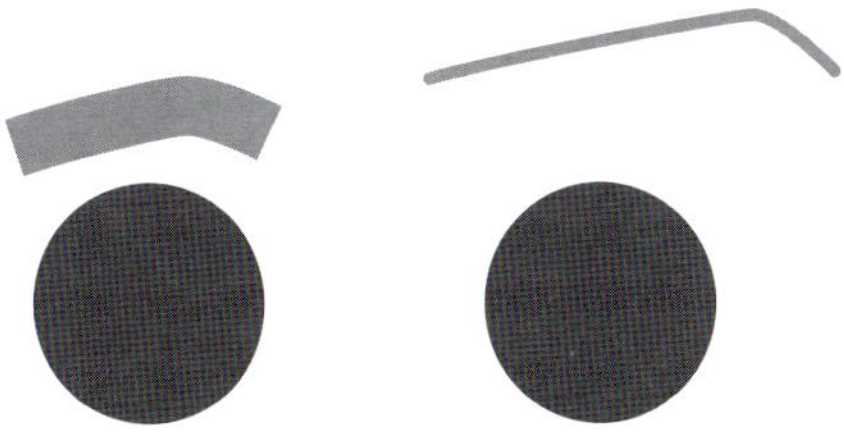

太くて短い眉の方が、目が大きく見える、錯覚効果

eyes produce# 29

細眉さんが「もとからフサフサ太眉」を演出するメイク。

「眉毛がなかなか生えません！」

はい、わかります。眉毛1本1本の毛周期は3〜6ヶ月と言われています。なので抜いたりしてしまった場合は生えそろうまで少なくとも半年はかかると見ておきましょう。半年で生えればいいですが、毛乳頭が傷つき、本当に生えなくなった方もいます。育毛中で毛がないことをお悩みの方は、なるべく落ちにくい、ふさふさ

1本1本植えるように。

［アイブロウリキッド］
（上）アイブロウ リクイッド BR21　¥3,000（エレガンス コスメティックス）
（下）ケイト　スーパーシャープライナー EX BR-1 濃いブラウン　¥1,100（編集部調べ）（カネボウ化粧品）

眉をメイクで作っていきましょう。

まず、眉を描く部分の油分をティッシュオフ。今、ツヤ肌全盛なので、ファンデーションや下地に油分が多く含まれています。眉部分の油分を取るとそれだけで持ちも違ってきます。

使うのはリキッドアイブロウとパウダー。**細い線が描けるリキッドアイブロウで、毛がほしい場所に1本1本毛を植えるように描き足します。**リキッドアイブロウはもちろん、リキッドアイライナーで代用もできます。

毛を描き終わったら、その上から**パウダーをのせて、ふんわりとぼかしていきます。**これで、落ちにくく、立体感のある眉が完成。眉毛コートも便利ですが、テカリが出てふさふさ感は消えてしまうので、私は、パウダーで仕上げるのをおすすめします。

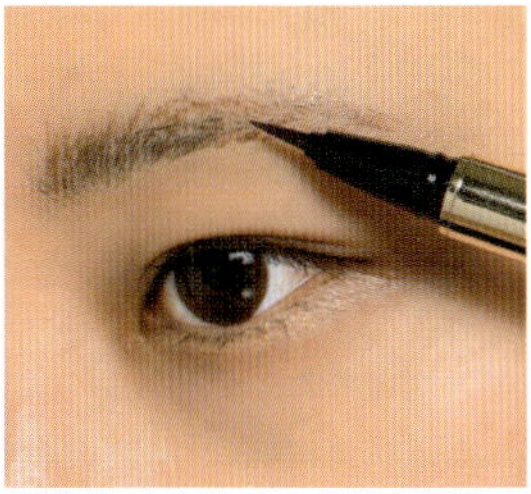

1　毛を植えるように1本ずつ描き足す

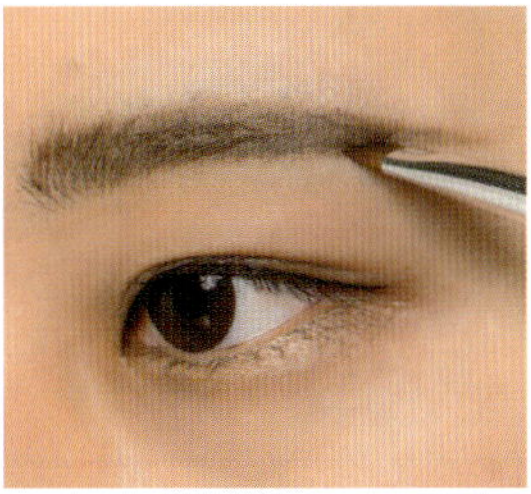

2　パウダーをふんわりのせてぼかす

eyes produce#30

30オーバーは、血色系マスカラでくすみを飛ばせ。

大人の眉でぜひ試していただきたいのが、カラー眉マスカラ！　最近は眉マスカラもすごくカラーバリエーションが豊富になってきたのですが、まだ試したことがないという方もいるのでは？　新しい自分を発見できるので、「最近メイクがマンネリ……」という方はぜひやってみてください。

たとえばピンク。マスカラ液を見ると「え？」と思うほど、どピンクで一瞬引き

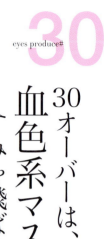

ますが、塗ってみると、ダークブラウンの眉毛にほんのり赤みが差す程度で、言われなければほとんどわかりません。でも、**光の加減でふわっとした血色カラーに見え、顔全体の印象が優しくなりますし、抜け感・おしゃれ感が出て一気に垢抜けるのです。**

アイラインやアイシャドウは、メイクの王道なのでみんな力を入れるところですが、案外、「いつもと同じなのになんだかおしゃれ」な空気感を醸せるのは、眉周りのメイクのような気がします。

眉マスカラは失敗も少ないですし、いつも塗っている眉マスカラのカラーを変えるだけですから手間もかからず、コスパ最高のコスメ、だと思います。

色は、顔色がくすみがちな大人は、まずはバーガンディやプラムなど、血色系の1本を試してみましょう。もし、塗ってみてちょっと不自然かなと思ったら、スクリューブラシでさっさっとなでるようにして調整すると違和感なくなじみますし、ちょっと離れて全体で見れば、眉が浮いた感じには見えません。

もっといろいろトライしたい方は、カーキもおしゃれですし、雰囲気がガラッと変わるのでおすすめ。いろいろそろえて服やシーンに合わせて変えるのも楽しいで

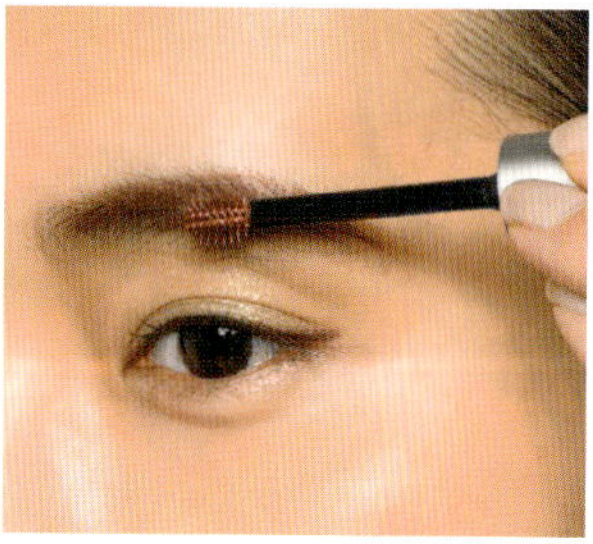

眉マスカラは、毛の流れに逆らって塗るのが成功のコツ

すよね。

　というわけで眉マスカラはぜひ取り入れてほしいのですが、買いに行くのがめんどう、というあなたのためにここで裏技をご紹介。

　手持ちのアイシャドウを、眉に使ってみましょう。マットな質感の赤やオレンジ、コーラルなら眉にも使えます。**いつものダークブラウン系のペンシルやパウダーで眉を整えたら、その上からさっとシャドウをオン。**この一手間でいつもと雰囲気が変わります。会社帰りに会食、なんていうときのお化粧直しにも使えるテクです。

[眉マスカラ]
メイベリン ファッションブロウ カラードラマ マスカラ レッドブラウン ¥1,000（メイベリン ニューヨーク）
ブラウン系やくすみ系などトレンド感のあるカラバリが豊富で、これひと塗りで垢抜け顔に。小回りのきく小さめブラシが秀逸。

大人専用血色カラー

[眉マスカラ]
RMK Wアイブロウカラーズ　04レッドブラウン　¥3,800（RMK Division）
平筆タイプのアイライナーと眉マスカラが1本に。ニュアンスのある淡いカラバリで抜け感をプラス。小さめのトゲトゲブラシで立体的な仕上がりに。

COLUMN

まつ毛を取り戻す！　3ヶ月間の

脱アイラッシュカーラー

まつ毛が貧相になってしまう最大の原因はアイラッシュカーラー。引っ張りすぎて毛根を傷めている人がとても多いのです。

そんなときトライしてほしいのが、脱アイラッシュカーラー。毛根のダメージが回復するまで、毛周期の3ヶ月間はお休み。その間つらいですが、やるだけの価値はあります。

問題はその間の乗り切り方。楽しく乗り切るために、伊達眼鏡でカモフラージュを。**眼鏡選びのポイントは、フレームと眉の形を合わせること。**アイラインとフレームの色を合わせるのもおしゃれです。ブルーライトカットの眼鏡は、レンズが黄味がかっているものが多いので、**頬骨に合わせてハイライトを入れてくすみを飛ばす**と、目元がきれいに。

せっかくですから、いつもと違う目元の雰囲気を楽しみたいですね。

CHAPTER 4

目元の悩みを解消するパーフェクトメイクテクニック

Type: **1**

カール強めのまつ毛が決め手

「小さい目」は
マツエクで目の縦横、増量。

人は「まつ毛の先」までを目と錯覚する。
きれいにセパレートした美まつ毛がすべての基本。

Type: 1 小さい目

小さい　一重　奥二重　逆さまつ毛　ボリューム　左右差　たるみ　くぼみ

ZOOM

BEFORE

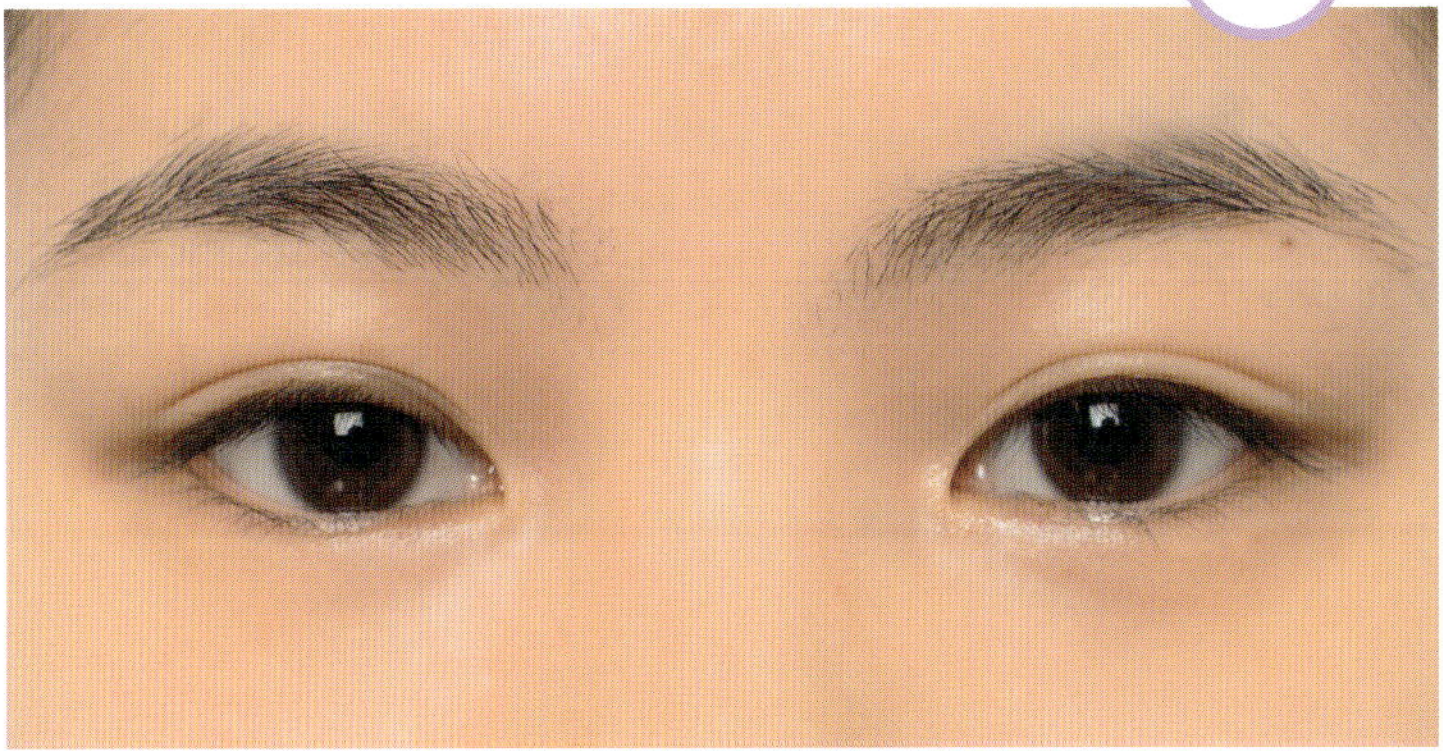

CHANGE!

AFTER

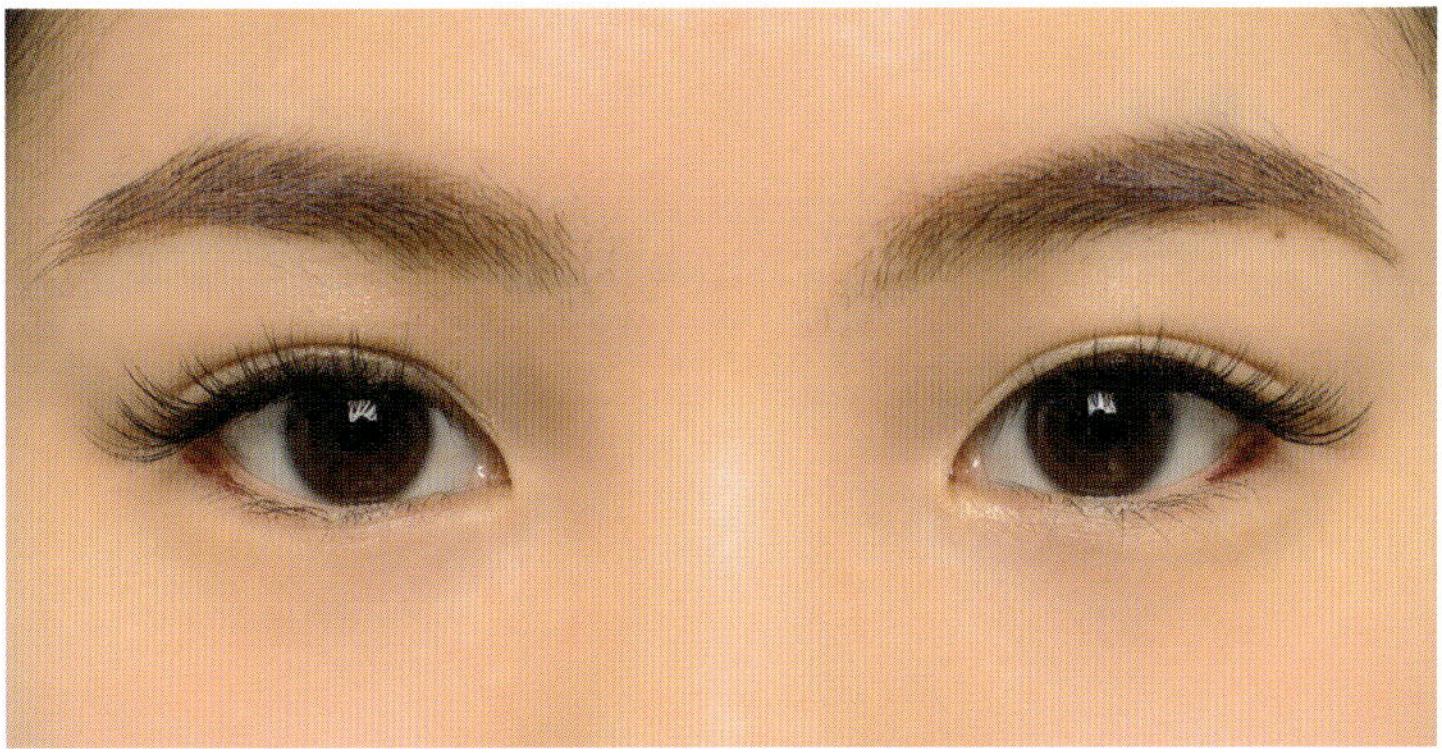

目の大きさが気になる人は、マツエクで、目の縦幅、横幅をアップ。カールが強めのものなら、まぶたを上げる効果も。美しくセパレートしたまつ毛を引き立てるピンクゴールドのシャドウで、女子っぽさをプラス。

マツエクで縦横奥行きの3次元アップ

黒目の上のまつ毛強調でぱっちり目になる！

「目が小さい」と悩む方は多いのですが、小西真奈美さん、剛力彩芽さん、永作博美さんといった方たちは、つぶらな瞳でとてもキュートですよね。目が小さめの人は、彼女たちのようなぱっちり目元のかわいらしい童顔をめざすのがおすすめ。

今回はマツエクを使ってぱっちり目元を作ってみました。マツエクは、目の縦幅、横幅、そして奥行き感を増すことができるので、目が大きくなったように演出するのにとても効果的。

このモデルさんの場合、まぶたが腫れぼったく、まつ毛が目にかぶさりがちで、目を小さく見せていました。そこで**まぶたを持ち上げるためカールが強めのものをセレクト。**

カールが強いものをつけることでまぶたを持ち上げ、上向きにする力が働きます。また、真ん中を長めにすると目の縦幅がぐんと増し、目が大きくなった印象に。さらにこの方は目尻に小ジワなどがなかったので目の横幅アップのため、目尻のまつ毛も目の幅よりも長めに。これで目の大きさの印象がぐっと拡大しました。

メイクは、彼女の女性らしい、かわいらしい雰囲気を生かしてピンク系で統一。まぶたが重い方は、普通は淡い色を使うと目が腫れぼったく見えてしまいますので二重幅から少し見える程度にオン。

そして、下まぶたの目尻側にちらっとボルドーのアイラインをプラスしました。見る角度やまばたきのたびに赤みが見える、キュートでちょっぴりセクシーな目元の完成です。

POINT

- ☑ 黒目の上のまつ毛を上げて強調し、目の縦幅アップ。目尻のシワが気にならない場合は、目尻のまつ毛も長めに仕上げて横幅もアップ。マツエクなら効果倍増！
- ☑ アイラインは目尻の三角ゾーン（p26）を必ず塗り潰し、目に奥行きを出す。
- ☑ アイラインは目尻より外まで引いて、横幅アップ。目安は2ミリ程度。

Type: **2**

目尻側まつ毛の長さを出す

「一重」は、切れ長目を演出してクールビューティに。

白目の美しさを引き立てるグリーンが日本人の知性と品格を引き出す。
目尻を長くしたまつ毛で、エレガントな大人の女性に。

Type: 2 一重

ZOOM

BEFORE

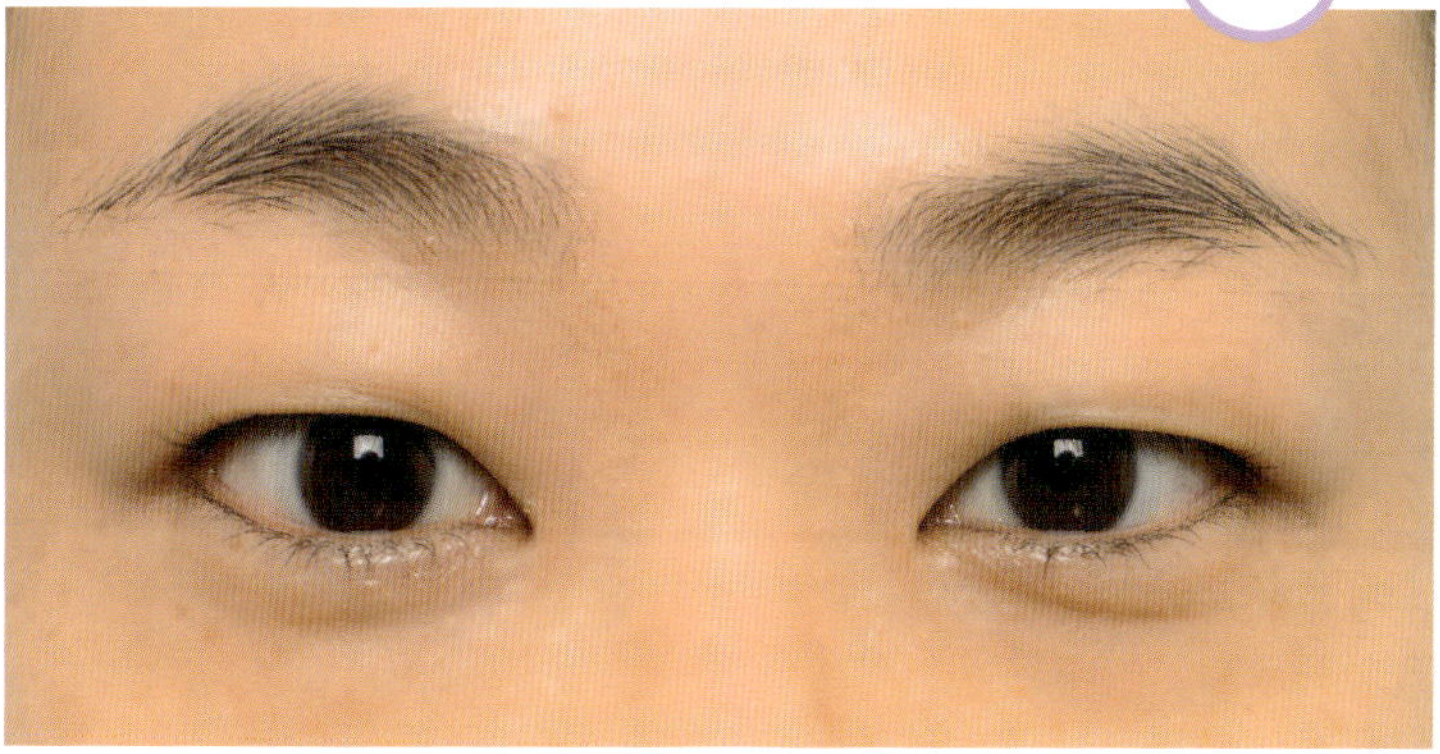

CHANGE!

AFTER

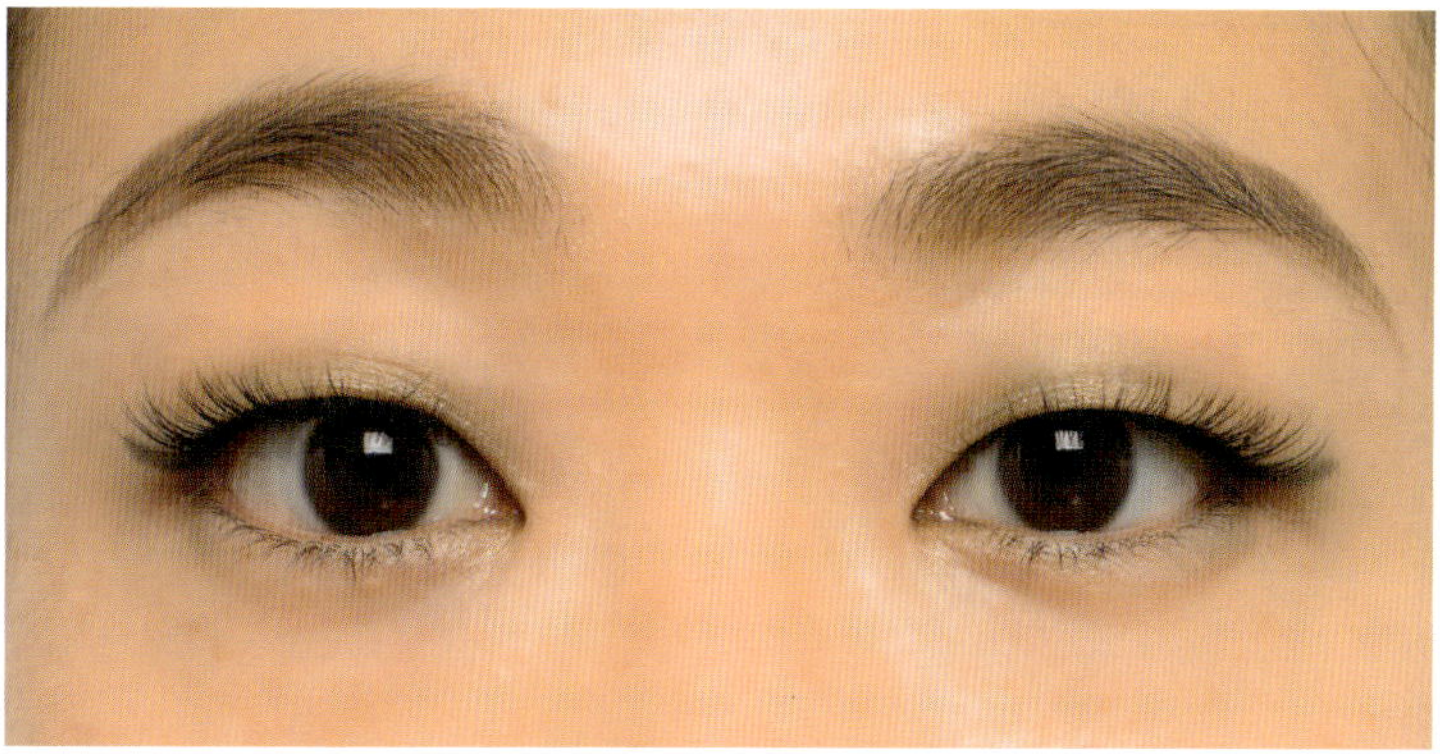

まぶたが目にかぶさりがちな一重さんは、デカ目効果と白目のきれい見せを。目尻に小ジワがない一重さんは目尻も長めのマツエクで目幅を出し、シャドウやラインをグリーンで統一することで切れ長のアジアンビューティを演出。

グリーンシャドウででフレッシュな印象に

マツエクで切れ長目を強調し、りんとした大人の美しさを。

一重の方はつり目に見えてきつい印象になったり、地味見えすることをお悩みの方が多いよう。でも、外国人が憧れるクールなアジアンビューティはこのタイプです。切れ長の目を生かして、大人の美をめざしましょう。

一重だと、まぶたが腫れぼったく目の印象がぼやけている人が多いもの。このモデルさんは、まぶたが目にかぶさってまつ毛の根元が隠れ、さらに下向きに生えていたので、マツエクで長さを出します。まぶたを持ち上げ、上向きまつ毛を作るため強めのカールのエクステを選び、目元をはっきり、すっきりとさせていきました。

マツエクは1本1本に装着して根元からまつ毛が立ち上がるようにしています。きれいにセパレートしていることで、美しく目の面積も拡大します。

これにメイクで、すっきりフレッシュな印象をプラスするためグリーン系をチョイス。まず、まぶたにはゴールドのアイシャドウをのせてまつ毛を際立たせてから、ほんのりグリーンのアイシャドウをオン。その後ブラックブラウンのアイラインを入れて引き締め、最後に、目尻にだけポイントとなる肌なじみの良い深いグリーンのアイラインを。

一重の方は、アイプチなどで二重にしている方も多いですが、何度も使うと皮膚を傷めてしまう人もいます。無理に二重にせず、もともとの目元を生かしてまつ毛で演出するほうがきれいで自然だと私は思います。

POINT

- ☑ 重くて腫れぼったい印象になりがちな一重まぶたは、アイラッシュカーラーで根元からしっかり持ち上げる（マツエクの場合カール強めをチョイス）。
- ☑ メイクはグリーン系をチョイスしてすっきりフレッシュな印象に仕上げる。
- ☑ 一重はアイラインが映えるので、目尻にだけカラーラインをプラス。

Type: **3**

3段階でしっかりカール

「奥二重」は
まつ毛の根元見せがキー。

クールとキュートが同居する特別な目元。
まばたきしたときだけに見えるブルーが、見る人の心をとらえる。

Type: 3 奥二重

ZOOM

BEFORE

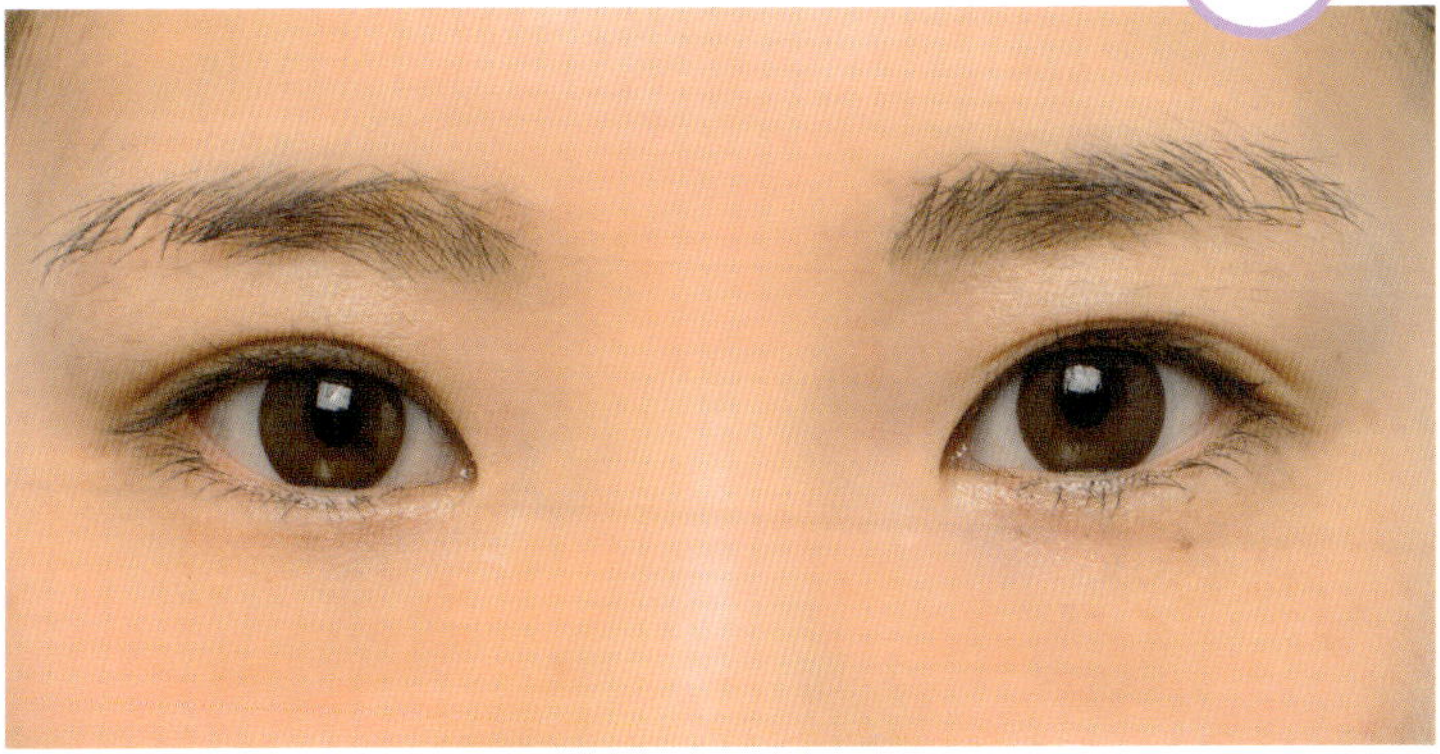

CHANGE!

AFTER

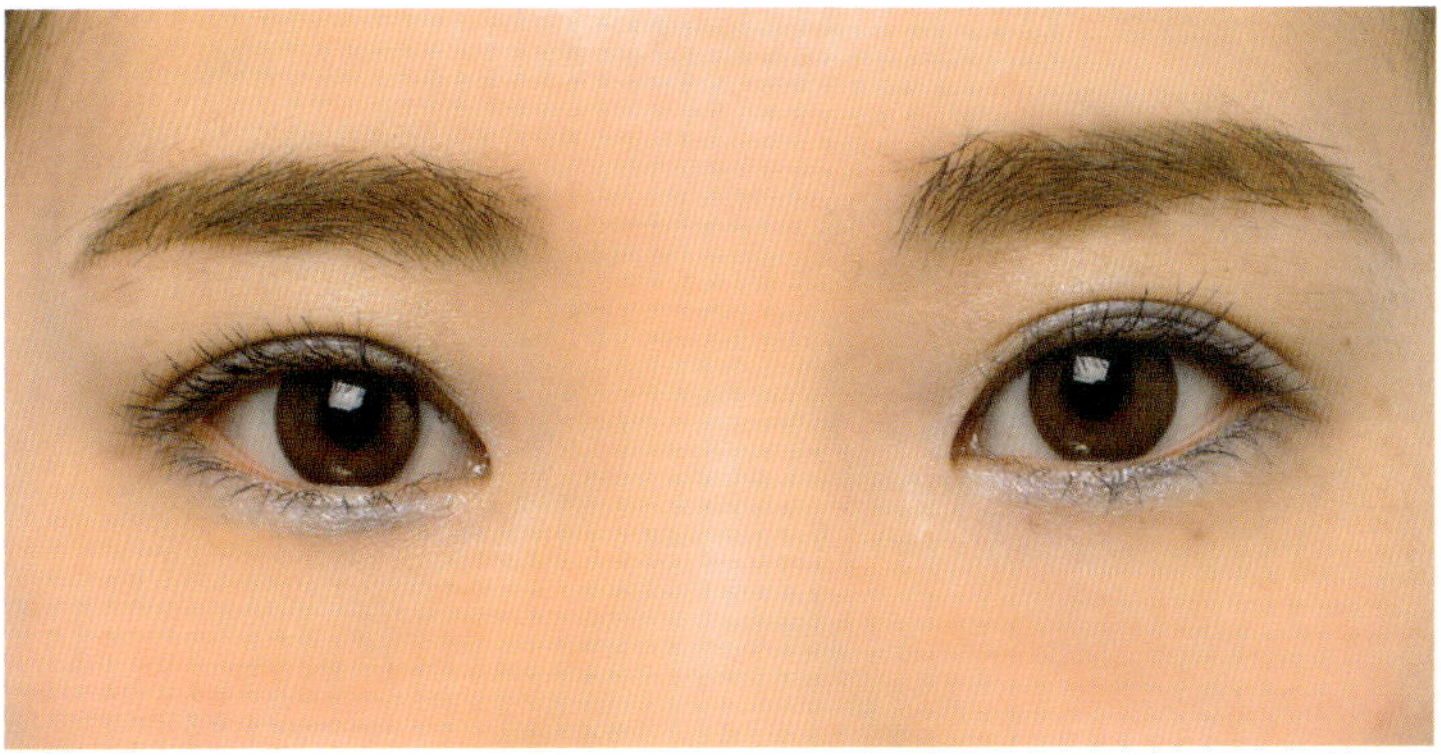

奥二重さんは、まつ毛の根元がまぶたで隠れ、短く見えてしまいがち。アイラッシュカーラーで根元から上げ、まつ毛をしっかり出してあげます。シャドウは、すずしげな水色で、まぶたの引き締めと白目を美しく見せる効果を。

隠れていたまつ毛はしっかり外へ!

寒色系シャドウでぽってり感を解消し、透明感をまとう。

奥二重の方は、吉高由里子さんや安田美沙子さんなど、クールななかにもお茶目なかわいさのある方が多いようです。

このモデルさんもそのタイプ。一重と同じくまぶたが重めで、その下に「隠れまつ毛」があるので、根元からまつ毛をしっかり上げましょう。目のキワに近い位置を起点に、まつ毛のなかほど、毛先と、アイラッシュカーラーでぐっぐっぐっと3点上げをして、「隠れまつ毛」を外に出します。まつ毛が根元からきれいに見えることで、目の縦幅、横幅がともに広がり、一気にデカ目に。

まつ毛がきれいに見えたら、奥二重を生かすポイントメイクを。目が小さく見えることを悩んでいる方が多いので、白目の印象を際立たせ、目をはっきりさせる効果がある寒色系でまとめます。

まず、まぶたをすっきりとさせ、抜け感を出すためにパール入りの水色のアイシャドウをオン。目元が引き締まって見え、ぽってり感が解消します。彼女の場合はちょっと離れ目さんなので、目を近づけるために、アイシャドウは目頭側を濃くした縦グラデーション（P90）でのせることに。奥二重さんはまぶたの二重部分が奥に入り込み、まぶたのキワから塗る一般的な「横割り」だとグラデーションが見えなくなってしまいますが、縦割りのグラデーションなら陰影効果が出やすく、おすすめです。

そして、さらに抜け感アップのために、まつ毛にはネイビーのマスカラを。白目をきれいに見せ、透明感が増し、クールななかに抜け感や親しみのある印象になります。

POINT

- ☑ アイラッシュカーラーでまつ毛を根元からしっかり上げ、「隠れまつ毛」を外に出す。
- ☑ 奥二重さんは、目の小さい悩みを持つ方が多いので、寒色系のポイントメイクで白目の印象をアップし、デカ目効果を。
- ☑ アイシャドウは、通常の上下グラデーションより、縦グラデーション（p90）が効果的。

Type: **4**

まつ毛カールで「落ちない私」に

「逆さまつ毛」は隠れていた白目に光を入れる。

目の邪魔をしていたまつ毛も、
きれいに上げることさえできれば、目元を美しく彩る最高のアクセントに。

Type: 4 逆さまつ毛

ZOOM

BEFORE

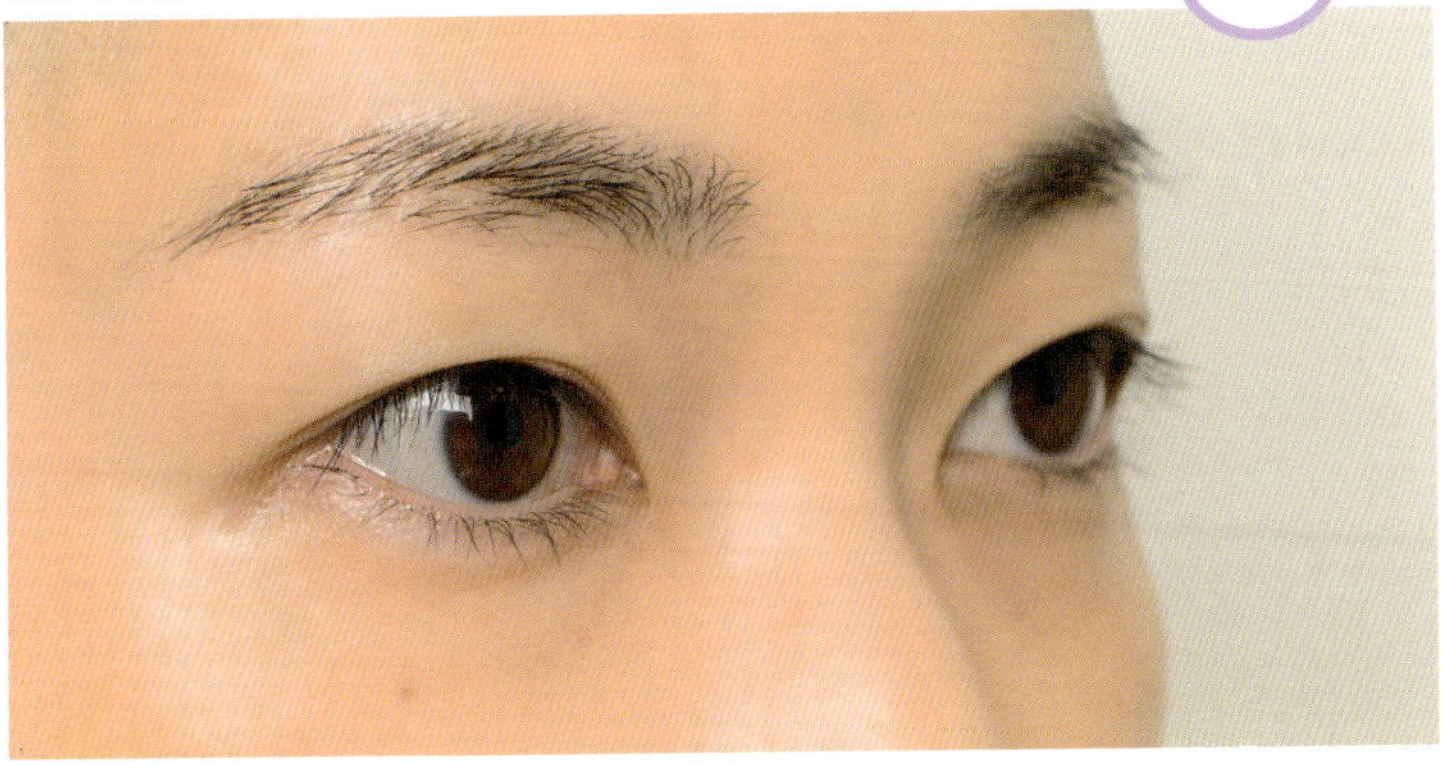

CHANGE!

AFTER

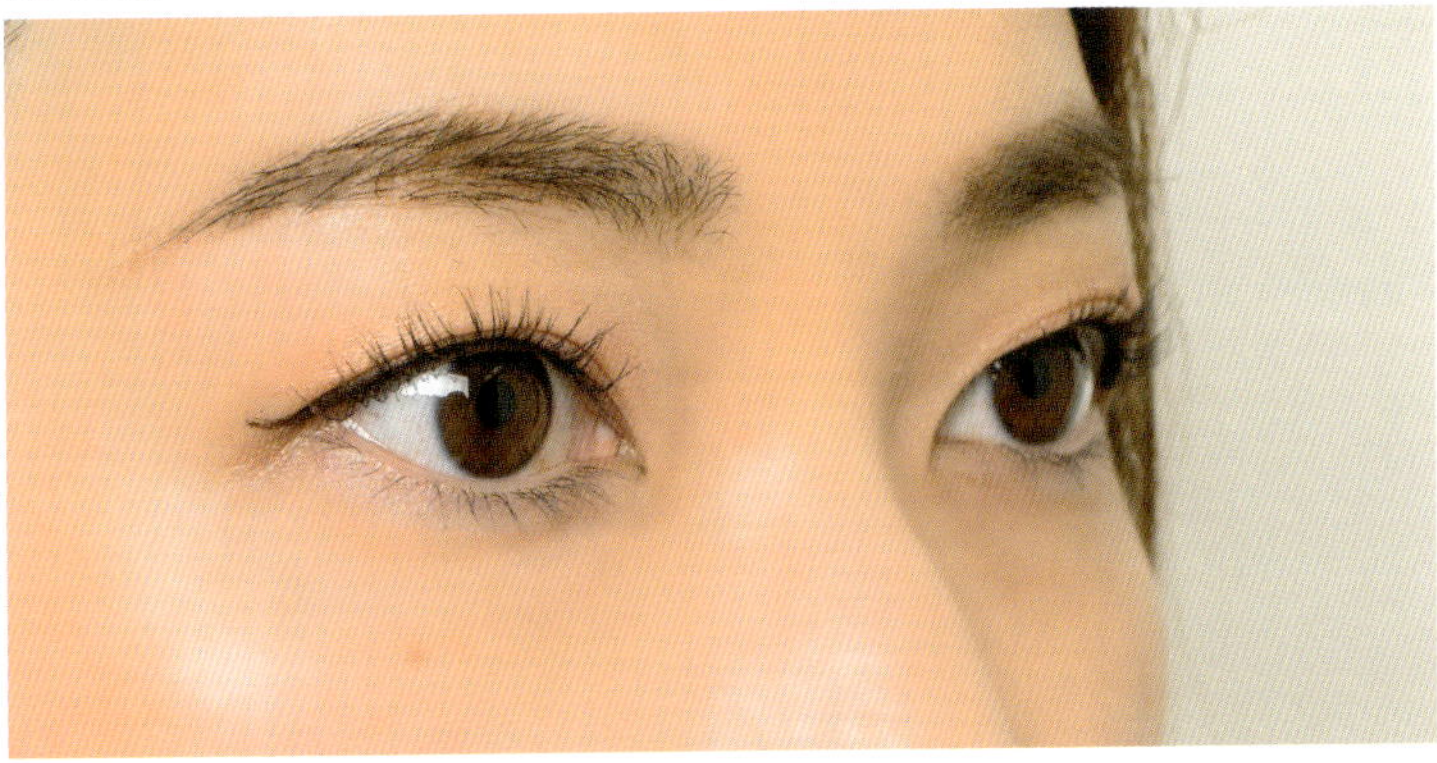

まつ毛が下向きに生えている逆さまつ毛さんには、まつ毛カール(パーマ)がおすすめ。まつ毛を上げて白目の面積を拡大すると、見違えるほど目の印象が強くなる。メイク時間の節約&「すっぴんも美人」を実現。

まつ毛カールが最強の味方!

まつ毛力アップで見違えるような華やかな目元に。

逆さまつ毛さんは、まつ毛が下向きに生えているので、上げても上げても落ちてくるのが悩みの種。でも、下向きまつ毛は白目を隠し、目の印象を弱くしてしまいますから、やはりまつ毛はがんばって根元から上げましょう!

このモデルさんも、まつ毛がかなーり下を向いて生えていました。普通に生えている方でも、ほとんどの場合、アイラッシュカーラーをかけたあと、時間が経つとどうしてもまつ毛が下がってきてしまうもの。それが**逆さまつ毛の方は、ただでさえ上げにくいのに、下がりやすいので、まつ毛カール(パーマ)をかけるのがいちばん便利で確実。**

しっかり上がりますし、毎日のアイラッシュカーラーやカールキープ剤から解放され、手間も省けます。というわけで、彼女もまず、まつ毛カールで目元をぱっちりとした印象にチェンジ。

メイクは、彼女の場合、優しい印象を希望されていたため、オレンジ系のシャドウをほんのりオン。しっかり上げたまつ毛に光を集めるため、オレンジゴールドを使いました。

一方、下まぶたには、涙袋の部分にシアーなブルーを入れて、まつ毛の上がった目元の印象を明るく演出。

アイラインは、目幅を出したいという本人の希望で、目尻にまつ毛を足すようにラインを描きました。

彼女の切れ長な目と、しっかり上げたまつ毛を生かして、女性らしさを残しつつ、クールな印象のある目元に仕上げました。

POINT

- ☑ 何よりも、白目にかぶさったまつ毛を、しっかりと上げることが重要。まつ毛カール（パーマ）を活用しましょう。
- ☑ しっかり上げたまつ毛の効果を生かすため、アイシャドウはゴールド系をチョイス。マスカラを塗る際はセパレートするように仕上げて。
- ☑ 白目に光を入れてさらに輝かせるため、涙袋にシアーなブルーのシャドウをオン。

Type: **5**

カットして使うのが鉄則

「まつ毛が少ない」ときは つけまの部分使いで対応。

足りないところだけにナチュラルなつけまつ毛を。
長さやカールで、目元をデザインできる。

Type: 5 ボリューム少なめ

ZOOM

BEFORE

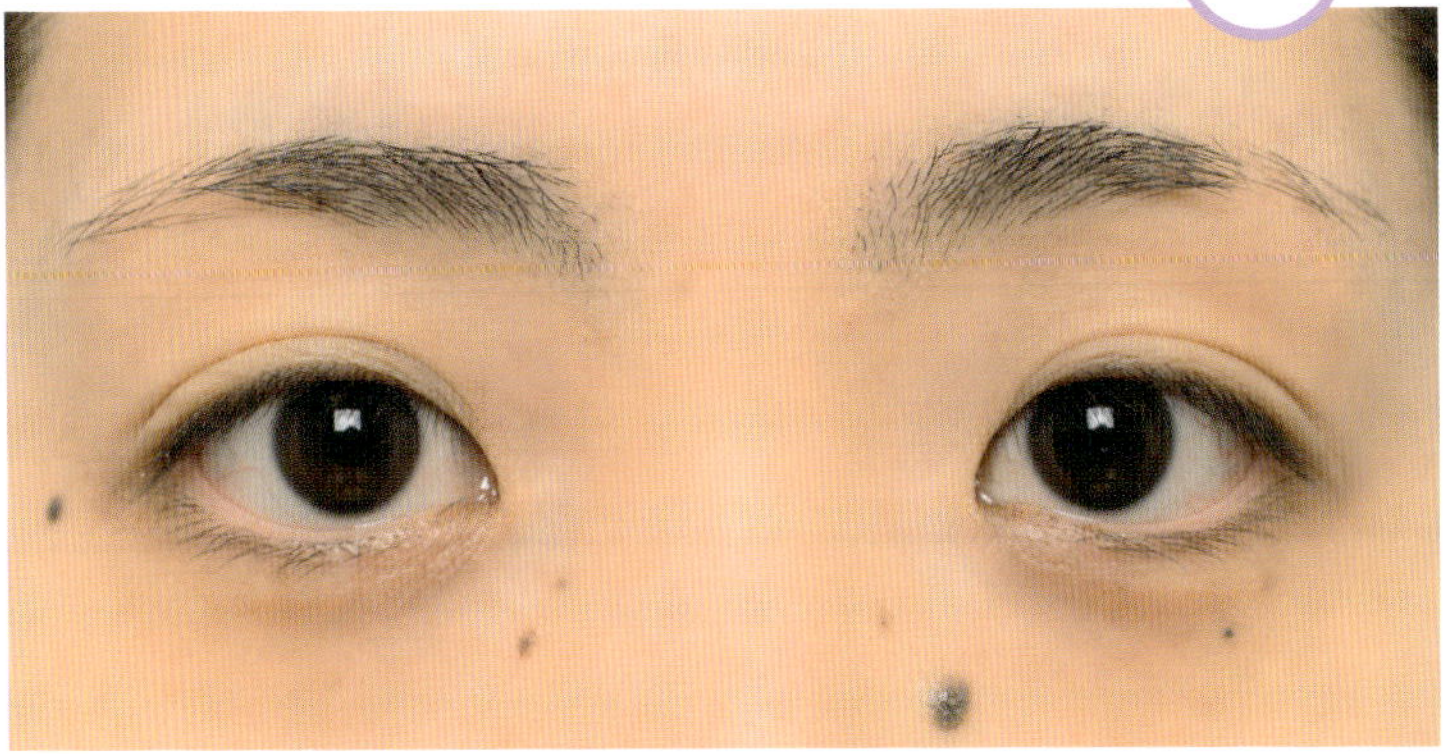

CHANGE!

AFTER

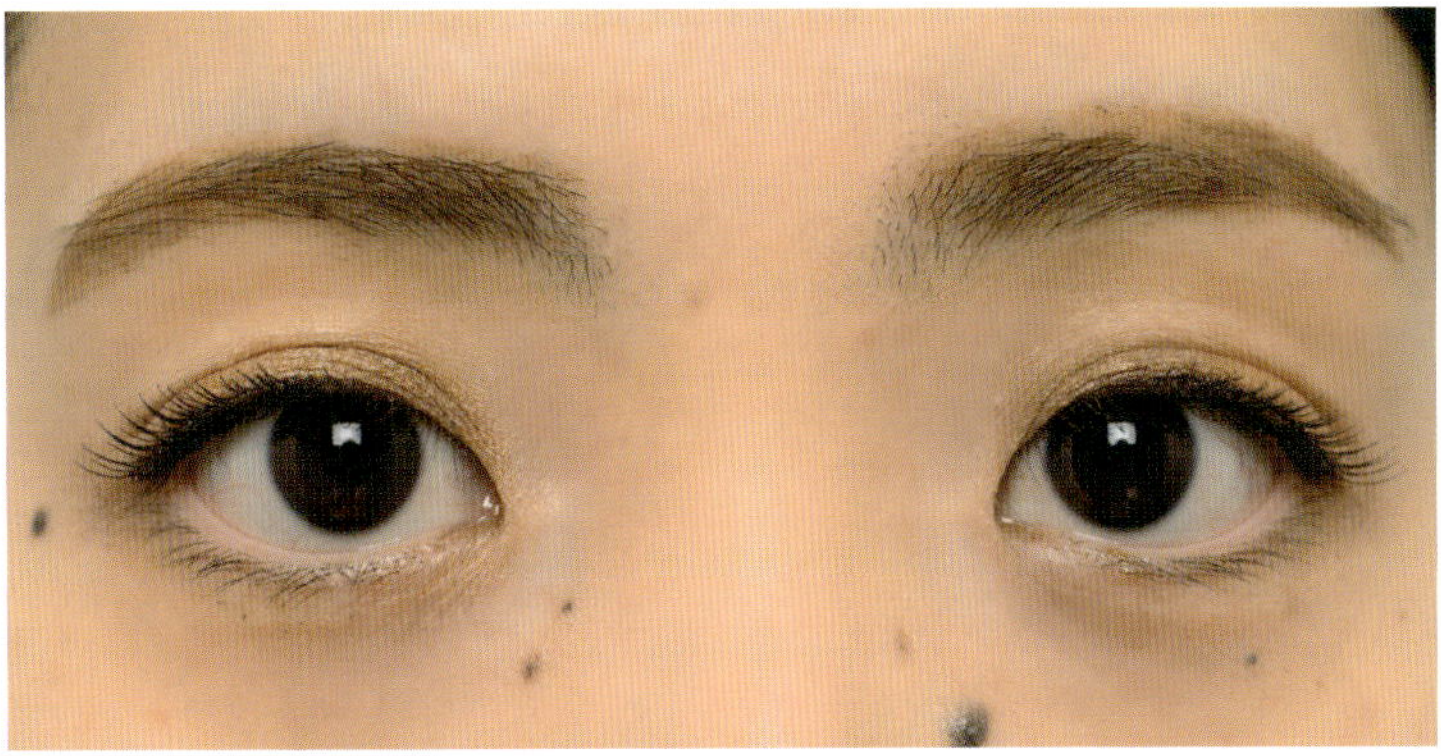

まつ毛ボリュームアップにはつけまつ毛が便利。ただし、カットして必要な部分だけに。特に、目頭につけると白目を隠すのでNG。今回は目尻に小ジワがないので目尻につけて自然で女性らしい印象に。

「寂しい目元」にさようなら

つけま、マツエク、マスカラ。できることはいっぱいある！

「まつ毛が少ない」「まつ毛が短い」というお悩みもあります。解決策は、つけまつ毛やマツエクでまつ毛自体を増量する方法と、マスカラでボリュームアップする方法があります。

今回はつけまつ毛を使いました。**つけまつ毛は目幅全体につけると不自然になりやすいので、カットして必要な部分だけに。**このモデルさんは目尻に小ジワがないので目尻長めの部分用のデザインを使用。自まつ毛となじませるようにつけると自然な仕上がりになります。

マスカラでボリュームを出したい場合は、繊維入りマスカラを使用してもOK。基本、繊維入りはおすすめしないのですが、まつ毛が少なく、まつ毛とまつ毛の間に隙間がある方はダマになりにくく、1本1本きれいに塗ることができます。

メイクは、彼女の清楚なイメージを生かしつつ、暖色系でまとめて生き生きした印象に。まぶたは、ブラウンゴールドのアイシャドウの上に明るめのゴールドを足して抜け感をプラスします。

アイメイクは、その日のくすみやむくみ具合で調整するといいでしょう。「くすんでるな」と思ったら、ゴールドのシャドウをベースとして使えば、目元のトーンをアップでき、上にのせた色も美しく発色します。「今日はむくんでいるな」と思ったら、目頭や目尻に引き締め色（暗めトーン）をのせて立体感を出す、という具合です。

チークはオレンジをほんのりと。モデルさんのネイビーワンピースを引き立てる、清楚な雰囲気のメイクに仕上げました。

POINT

- ☑ つけまつ毛やエクステで、ダイレクトにまつ毛のボリュームをアップする方法がもっとも効果的。
- ☑ マスカラでボリュームアップするときは、繊維入りのフィルムタイプを１本１本に重ねづけ（まつ毛が少なめな人以外、基本的に繊維入りはおすすめしません）。
- ☑ ゴールドのシャドウをアイシャドウベース代わりに使って、まつ毛の印象をアップ！

Type: **6**

大人だから使える色が味方に

「左右差」は、メイクテクでカバーする。

二重はメイクだけで作れる。
大人だから似合う深い色味のシャドウが左右の差を
カモフラージュ。

Type: 6 左右差

ZOOM

BEFORE

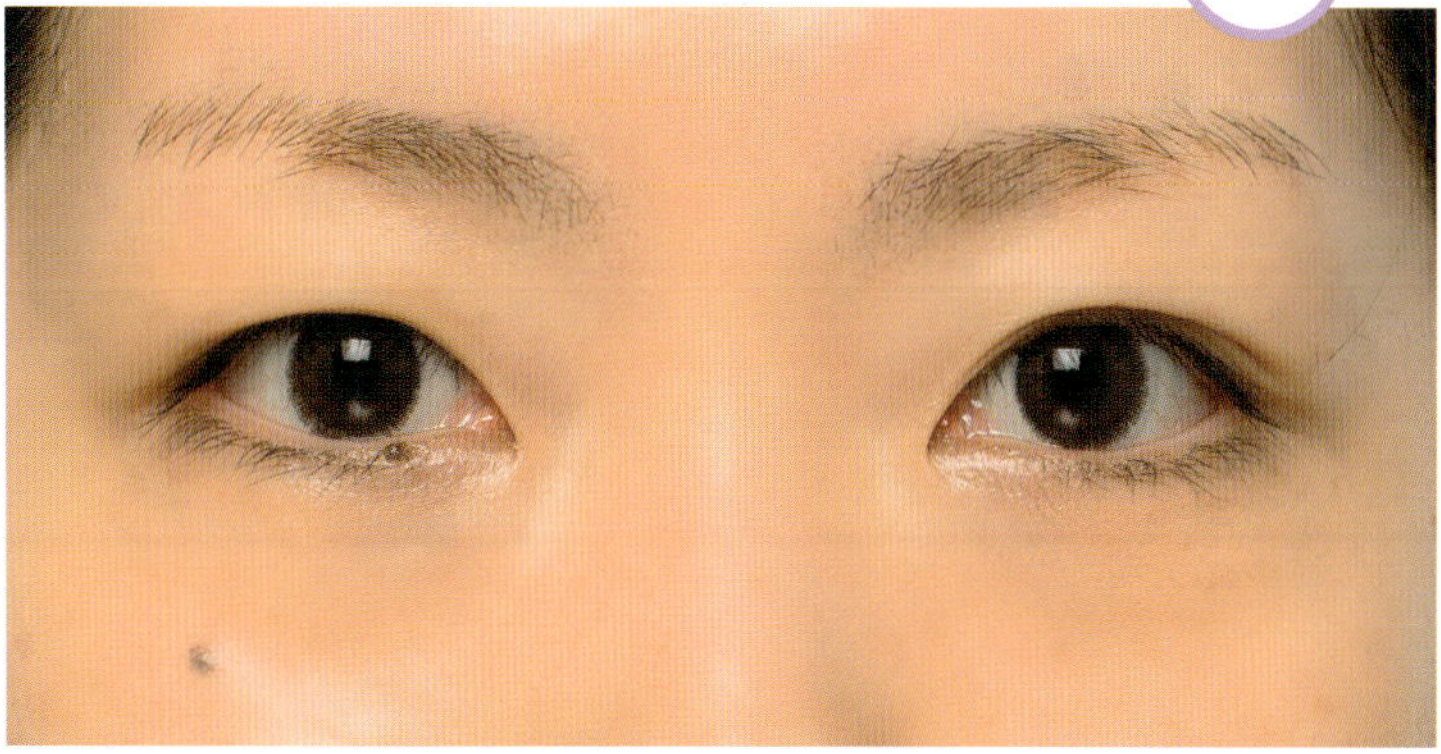

CHANGE!

AFTER

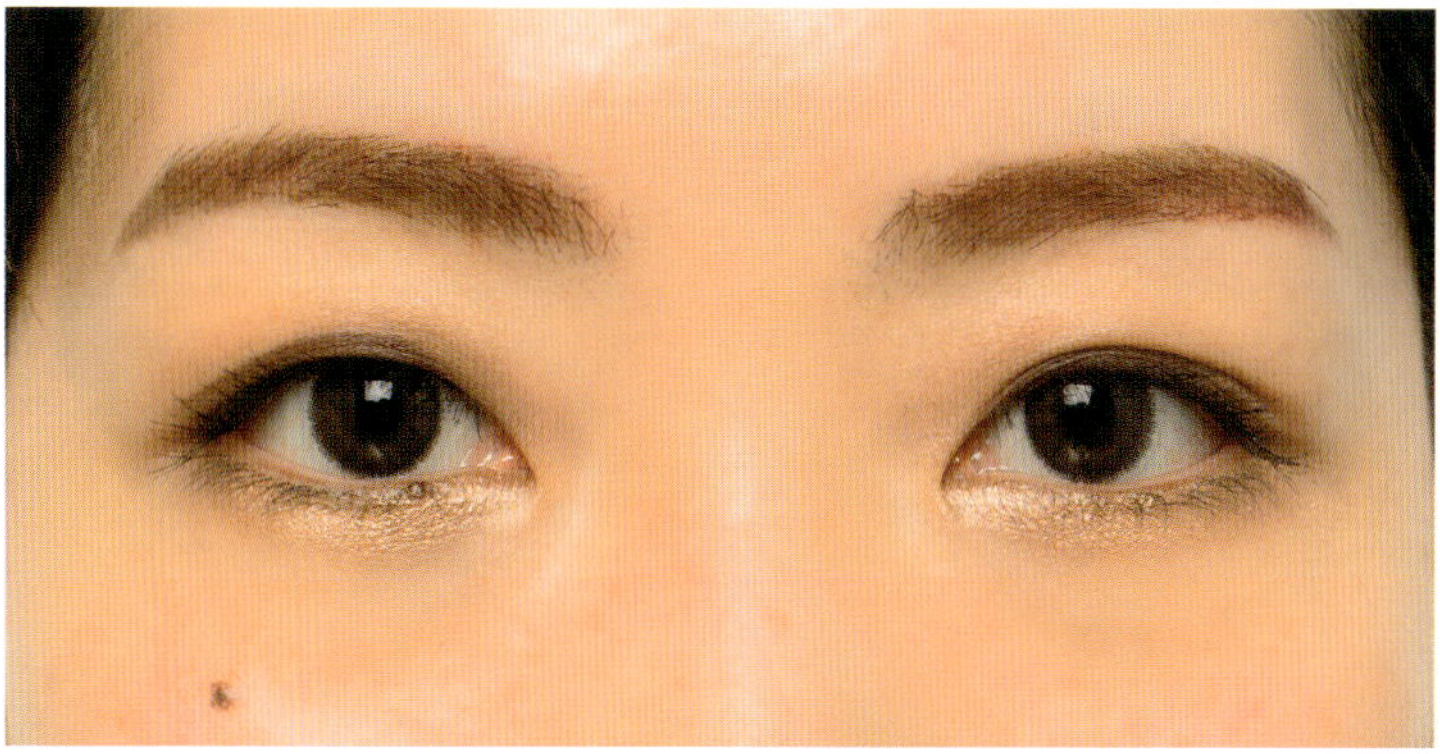

二重のりは使わず、メイクで左右差のコントロールを。一重側のまぶたに、ダークブラウンのアイシャドウで二重のラインを引く。なじみの良いボルドーのシャドウを左右のまぶたにのせ、自然なグラデーションで差をカバーする。

ナチュラル感が命!

メイクで左右バランスを整えて美人度アップ。

人の顔は、よく見ると左右でかなり違います。ですから左右差はさほど気にしなくていいと思いますが、片方が二重で片方が一重というようにはっきりした違いがあると気になるかもしれませんね。メイクで左右のバランスを整えていきましょう。

モデルの彼女の場合、右目が一重、左目が二重。皮膚のダメージを考えて二重のりは避けたいので、今回はメイクで「二重に見える」ようにしていきます。

まず、両目のアイホールに、彼女の大人っぽい女性らしさを生かすボルドーのシャドウをオン。ワイパー塗りで下から上にかけて陰影をつけ、目のキワをいちばん濃くしましょう。

一重の右目は、左目の二重幅に合わせて、ダークブラウンのアイシャドウで二重のラインを描きます。そして目のキワはブラウンのアイラインで引き締め。手順はたったこれだけで左右のバランスが整い、不思議と右目もナチュラルな二重に見えます。

下まぶたは、彼女の場合、右目の下のラインが左目のラインより上がりぎみなので、左右差を強調してしまうラインはなしにしました。その代わり、**左右の違いの印象をぼかして目立たなくするために、涙袋アイシャドウをふんわりと。**

そして最後に、眉にバーガンディのマスカラをオン。濃いしっかり眉より、ふんわり赤みが入った眉の方が全体の雰囲気を柔らかく見せてくれ、自然になじみます。大人っぽいだけではない、かわいらしさのある女性の雰囲気に仕上がったと思います。

POINT

- ☑ 二重のりは使わず、メイクでナチュラルな二重を作り、左右差を解消！　一重の方のまぶたに、ダークブラウンのアイシャドウで二重の線を描くだけで、自然になじむ。
- ☑ アイシャドウは1色の濃淡で、左右の違いを目立たなくする。
- ☑ 目の下のラインは涙袋メイクでぼかし、左右差をカバーする。

Type: **7**

ツヤと光が下がりを撃退

「たるみ」問題は、光を利用しない手はない。

大人の味方は「光」と「血色」。
その二つの使い方がわかれば、加齢は怖くない。

Type: 7 たるみ

ZOOM

BEFORE

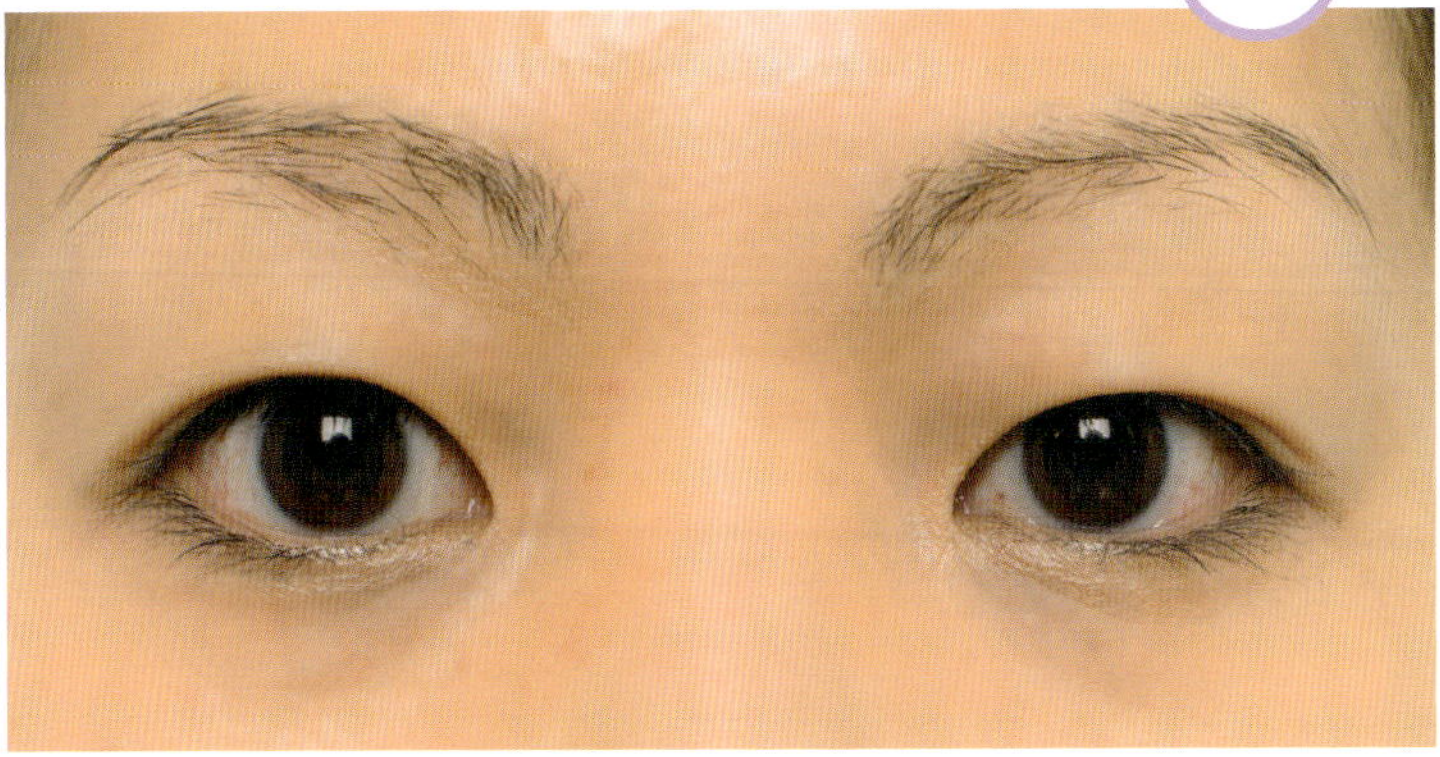

CHANGE!

AFTER

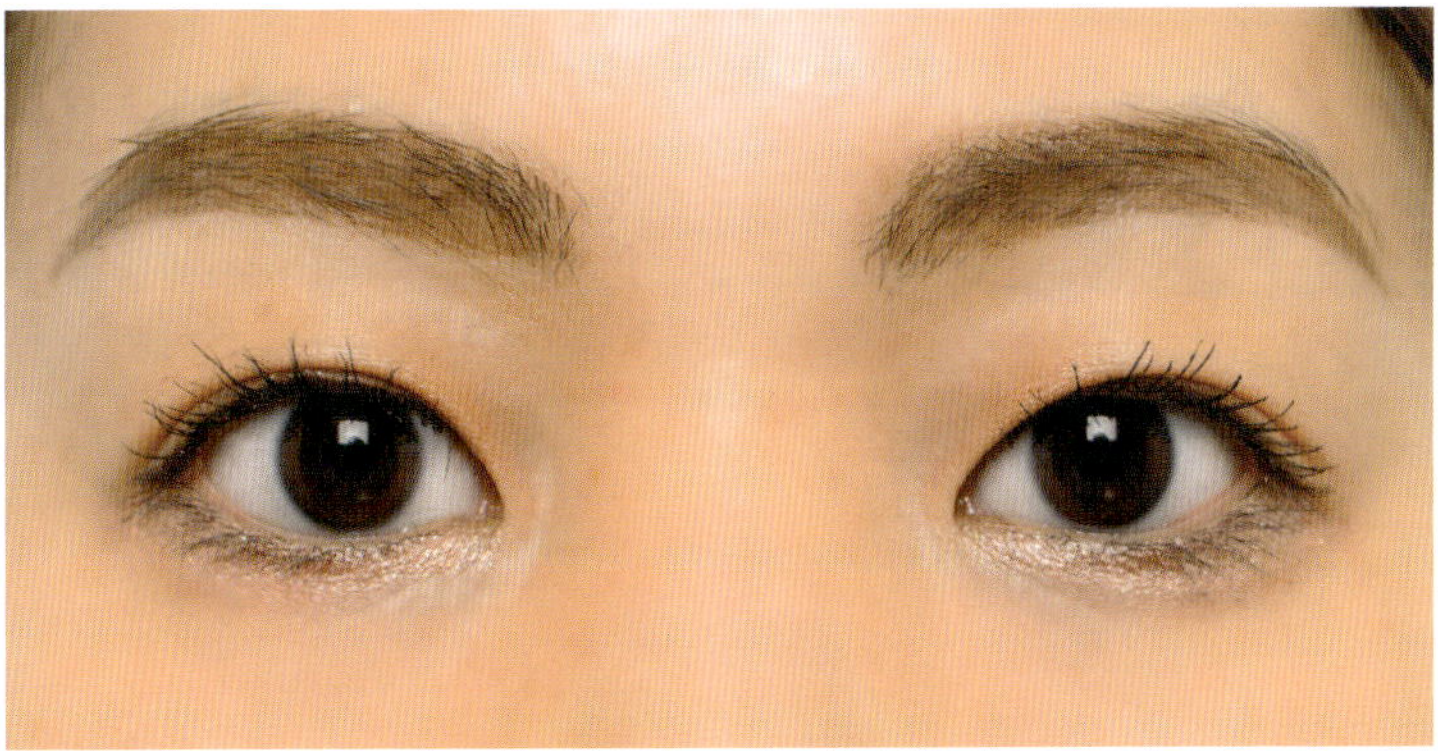

年齢とともに下がってくる目元は、「光」と「血色」でカバー。パール入りのハイライトを目の下全体に入れて、くすみとたるみを飛ばし、涙袋の肉感を演出。まぶたは、体温を感じさせる血色系のピンクで、若々しい雰囲気を出して。

光と血色で新陳代謝を感じさせる!

色に頼らないナチュラル感が、大人の余裕を表す。

30歳を過ぎると、まるで風船から少しずつ空気が抜けていくようにお肌にたるみが出てきます。できればなるべく長くハリ感をキープしていきたいですよね。スキンケアも大事ですが、メイクも、たるみや下がりをどうカバーするかが大きな課題になります。

このモデルさんも、内から押し上げるようなハリ感は弱くなり、顔色も少し沈んだ感じで、ちょっと寂しげな印象でした。そこで、**若見えをねらって「光」と「血色」でメイクをしていきます。**

目元は目尻の小ジワから視線を外すため、黒目の上のまつ毛にマスカラを重ね塗りし、長く強調して縦長の印象を作ります。

そして、最大のポイントは涙袋です。目の下全体にベージュ系のハイライトをオン。上質なラメを入れることで、くすみとたるみが目立たなくなり、ふっくらと見えます。

そしてベースは、ツヤ肌がマスト。そこに、ふくらみをもたせるためにピンク系のチークを入れて血色を上げます。ツヤと血色は新陳代謝の象徴なので、見る人はそこに若さを感じるのです。

ピンクは、明るすぎず、少し色味を抑えたピンクをセレクト。ポップな色味だと浮いてイタい雰囲気になってしまいますが、ほんのりと抑えめのピンクなら、ふっくら感を出しつつ、大人の余裕、幸福感みたいなものを演出できます。

大人の女性こそメイクは「光」が重要。本当の肌のハリを取り戻すのは難しくても、光でハリ感を演出するのは誰でもすぐ可能です。

POINT

- ☑ 目の下、涙袋の部分に、上質なベージュ系ハイライトを入れれば、たるみとくすみが目立たなくなる。
- ☑ ベースはツヤ肌がマスト。落ち着いたピンク系チークで「血色足し」し、マイナス5歳！
- ☑ まつ毛は、アイラッシュカーラーで根元からしっかり上げて、まぶたのたるみを持ち上げる。

Type: **8**

影はこれ以上いらない

「くぼみ目」は、ほんのり赤みでふっくら足し。

もともとの顔立ちを生かして、即行ハーフ顔に。
シャンパンゴールドがあれば、くすみは撃退できる。

Type: 8 くぼみ

ZOOM

BEFORE

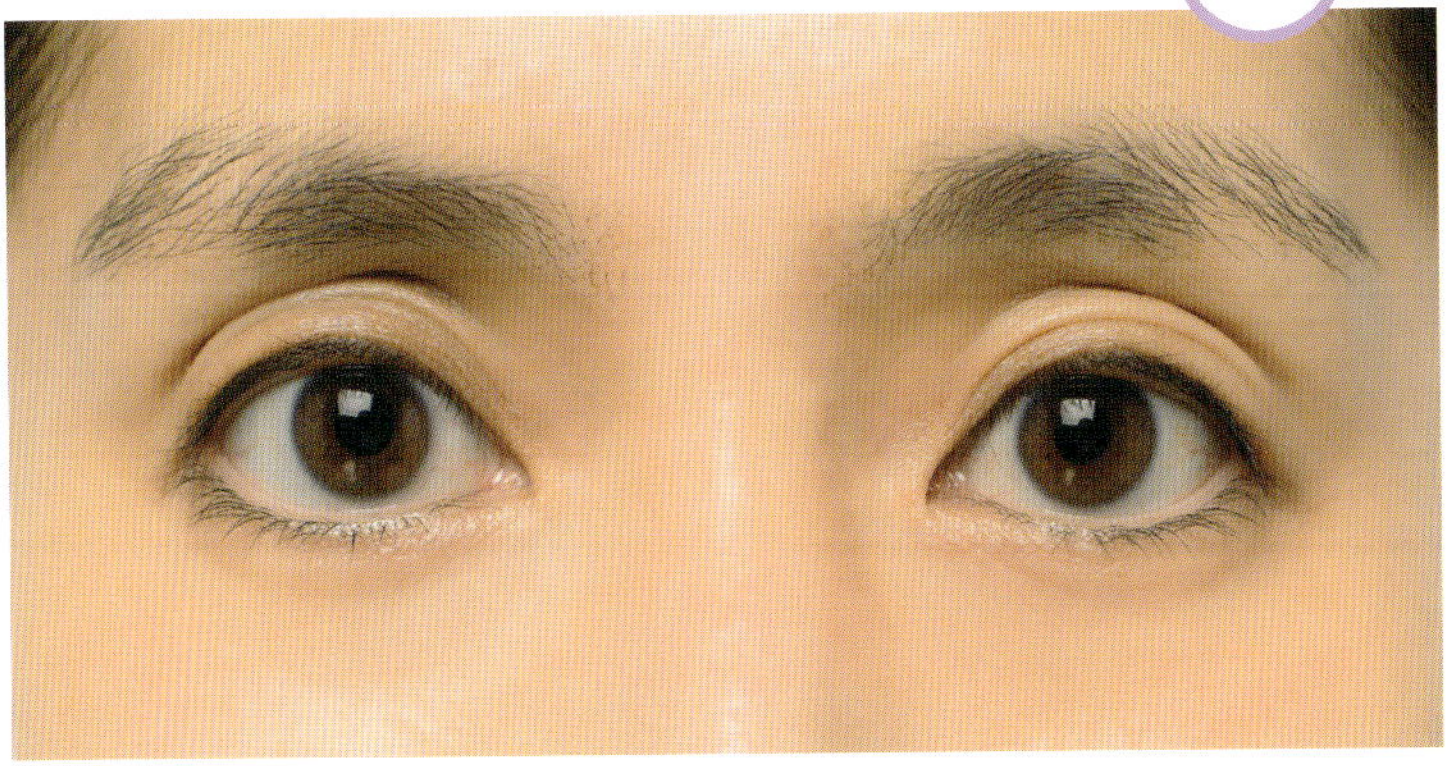

CHANGE!

AFTER

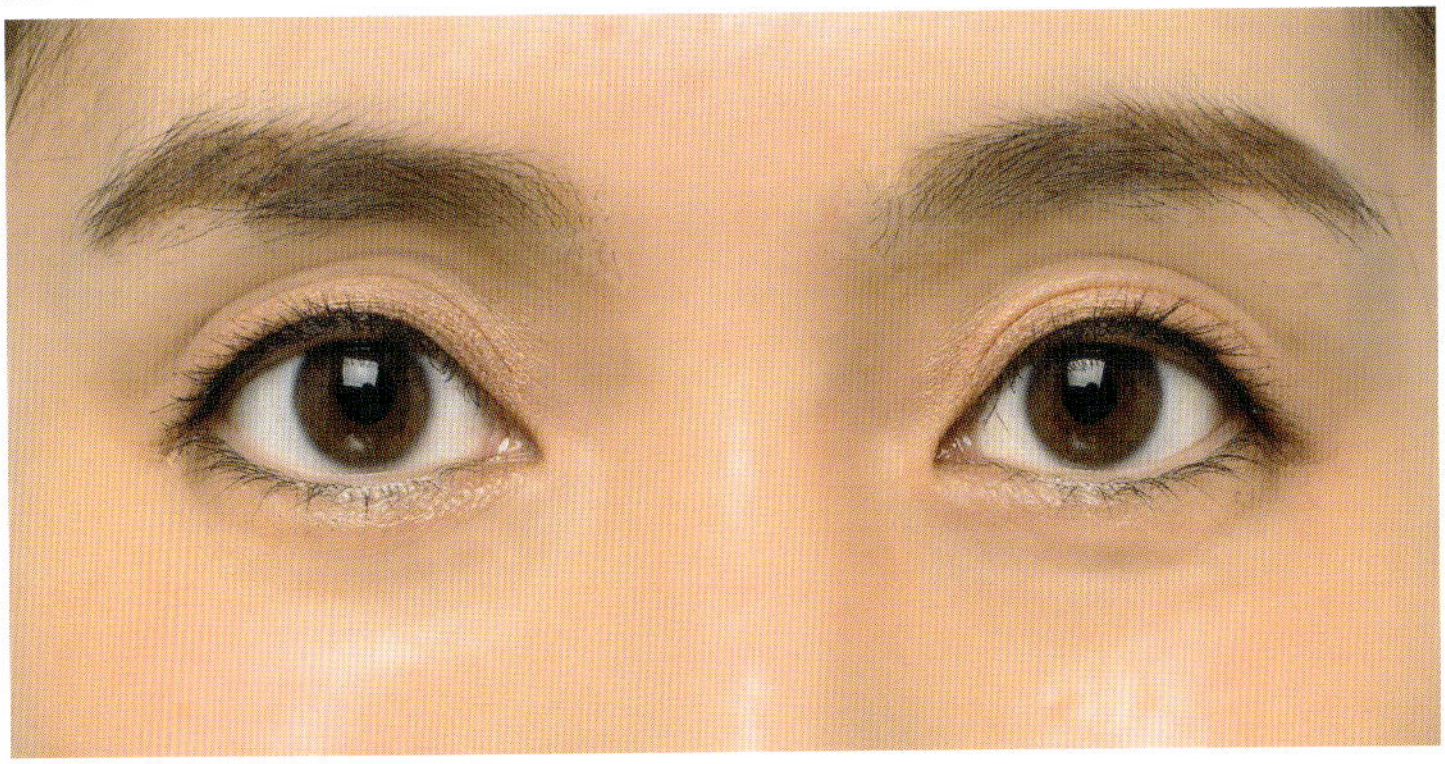

影を強調するブラウンのシャドウは、くぼみ目さんにはNG。もともとホリの深い顔立ちなので、目元を明るく見せるためにシャンパンゴールドのシャドウを塗ってから、ふっくら感を出すコーラルオレンジのシャドウをプラス。

アイラッシュカーラーは二刀流で!

ハリ感とふっくら感を足すだけで即ハーフ顔になれる。

お悩みの最後は、「くぼみ目」。目元がくぼんで影に見え、顔の印象が暗くなったり、老けて貧相に見えるという悩みです。ですが、それはホリが深いということなので、のっぺり顔さんから見たらむしろうらやましい点。

まず、くぼみ目さんは、ダークカラーのシャドウで目元を引き締める必要がありません。というより、むしろ暗い色はNG。

反対にライトカラーは、物を近く、大きく見せますから、肌にのせるとふっくらと見せる効果があり、くぼみ目さんにはとても映えます。一重さんや奥二重さんが苦手な明るいピンク系の色も大人っぽく使えますから、ぜひ取り入れてほしいと思います。

このモデルさんには、まぶた全体にシャンパンゴールドのクリームシャドウをワイパー塗りで入れ、まぶたのハリを演出。さらにコーラルオレンジのシャドウを足し、ふっくら感を増します。

光を集めたまぶたとコントラストをつけるため、アイラインはダークブラウンでくっきりと。目尻の三角ゾーンを塗ってデカ目効果を出すことを忘れずに。

くぼみ目さんの多くは、目尻に多少の小ジワがあるもの。若見えのためにもまつ毛は目尻より黒目の上を長めに作ります。**くぼんだまぶたにまつ毛が隠れてしまっているので、しっかりまつ毛全体にアイラッシュカーラーをかけ、さらに真ん中部分のみホットアイラッシュカーラーで念入りに上げましょう。** そうすることで、華やかさもある若見え目元が仕上がりました。

POINT

- ☑ くぼみ感を増してしまうブラウンシャドウは禁止！　暖色系シャドウでふくらみを演出。
- ☑ 粉感は老け見せにつながるので、クリームシャドウ推奨。
- ☑ くぼんだまぶたに、まつ毛が引っ込みがちなので、マスカラのあと、ホットアイラッシュカーラーでカールを強めに仕上げて、立体感を。

寝坊した朝、これだけ!

5分で完成、時短メイク

「いけない、もうこんな時間!」

もうあと5分で出なくちゃ! ってこと、誰でも身に覚えがありますよね。そんなときでも、メイクである程度きちんと感は出したいもの。あわてずに済むよう、いざというときの時短メイク術を持っておきましょう。

時短メイクのポイントは、以下の2つ。
①一つで何役もこなすアイテムを選ぶ。
②ポイントメイクは、はっきりしたカラーより、ぼかしやすいカラーを使う。
まずベースは、下地がいらず、ひとつでツヤ感も出るクッションファンデを使えば時短効果は抜群。ささっと塗って整えます。

次に、眉。ぼかしのきくブラウンのパウダーを毛がない部分にオン。ペンシルは調整が難しいので使いません。パウダーをのせたら眉マスカラもプラス。

目尻のみでもアイライン効果は十分アリ

アイラッシュカーラーでまつ毛を上げ、ゴールドのクリームシャドウをまぶたにワイパー塗り。ムラが目立たないのでざっくりとした塗り方で大丈夫。同じシャドウを上まぶたのキワにちょっと足して、1色のみでグラデーションを作ります。下まぶたのキワに、ハイライト代わりに入れてもいいでしょう。

アイラインは、目尻3分の1ならさっと描けます。必要に応じて目尻から2ミリ程出して目幅を出しても◯。目尻だけでも「きちんと感」は出ますし、これなら失敗もなし。

最後に、チークとリップは、色選びの手間を省くため、一つで二役のものをさっと。統一感も出て一石二鳥です。

ここまでで、正味5分。仕事もデートも、自信を持って出かけられます！

Manhattan
Eyelash
Extention
Salon

目元プロデュースの舞台は「世界」です

ステップアップを求めて渡ったNY。そこには、人目を気にせず好きなものを好きと言い、自分らしく生きている人々がたくさんいました。

相手が見知らぬ人でも、笑顔で「あなたのアイシャドウ最高ね！」なんて、思ったことを素直に伝える光景は日常茶飯事。

あの自由でパワフルな空気感を、日本の女性にもお伝えしたい。そんな気持ちで、今も、日本各地とシカゴのお店を運営しています。

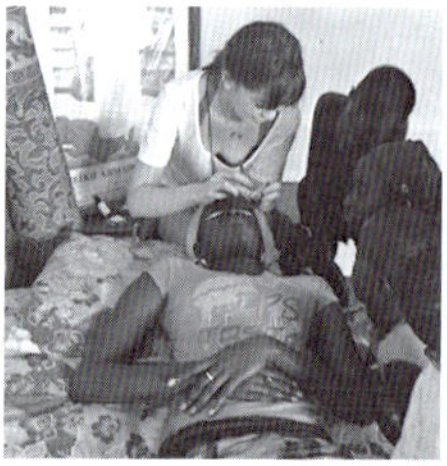

セネガルでの施術。子どもたちも興味津々

世界中のお客様の笑顔が原動力。シカゴ店にて

NYで目元診断中。皆それぞれの悩みがあります

目元こそ、筋トレが必要な理由

CHAPTER

5

日々の「土台ケア」で
いつだって満ち足りた目元に。

嬉しいときは、顔をくしゃくしゃにして笑う。
悲しくて一人、涙を流すこともある。
感情豊かな一面を持つ大人の女性はとても魅力的です。
目尻の笑いジワも、泣いて腫れたまぶたも、大丈夫。
いつまでも満ち足りた目元でいられる、
目元の土台ケアをお伝えさせてください。

eyes produce#31

腫れぼったい目、たるんだ目には瞳の「8の字エクサ」

筋トレ、ストレッチ、ヨガ――世の中は運動ブーム。健康や美容のためにがんばってます、という方も多いと思います。でも、ぽっかり抜け落ちている箇所がありませんか？　そう、顔の運動です。

年を取ると筋肉が衰えるのは、顔も同じ。皮膚だけでなく、その下の表情筋が衰えて、皮膚を持ち上げる力がなくなることも、シワやたるみの原因の一つなのです。

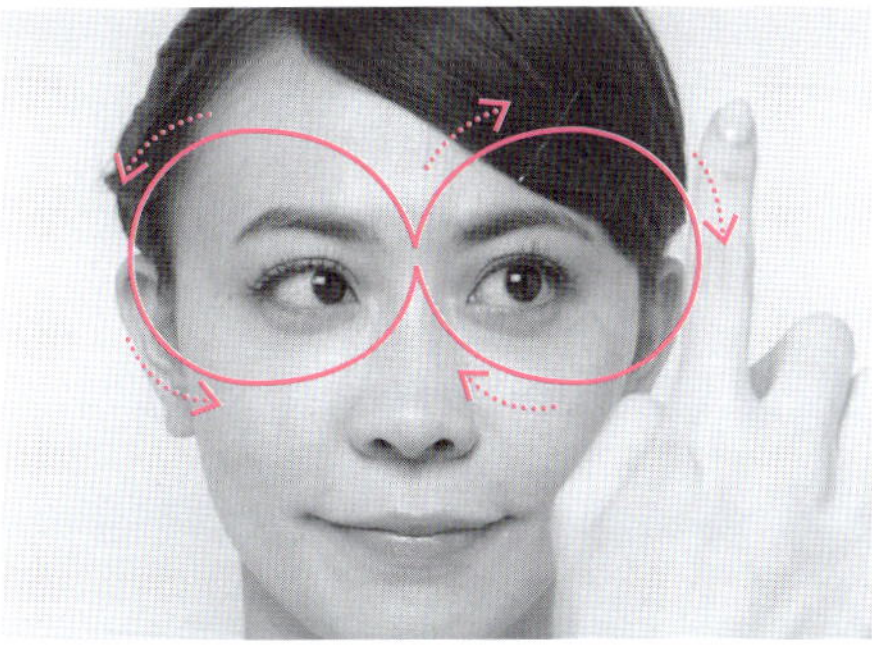

顔を動かさないように注意しながら、指を動かし、目で追う。8の字のサイズは大小つけて

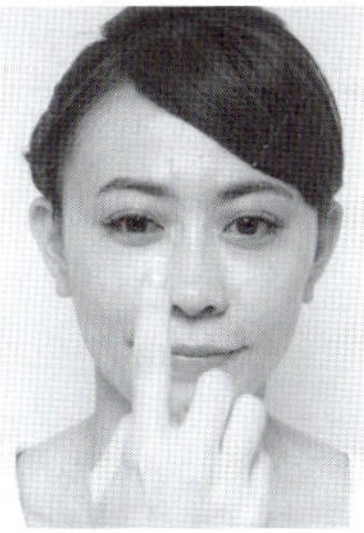

両目の間の前方に人差し指を置いてスタート

特に目元は、皮膚が薄く乾燥しやすいので老化がはっきりと現れてしまいます。

老化は、メイクだけでカバーするのは限界があるもの。ならばぜひ、目元の運動で20代の筋肉をキープしましょう。「この人、若々しいな」という印象を生むのは、なんといっても顔、それも目元なのですから！

目元は、目の周りをぐるりと取り囲むように眼輪筋《がんりんきん》があるので、上の写真のように8の字エクサを行い、筋トレしましょう。**眼輪筋を鍛えると、まぶたがしっかり上がり、目の周りがスッキリして白目に光が入り、目が大きく見えます。**涙袋は眼輪筋が発達したものと言われているので、涙袋の下がりも防止。血行が良くなるのでクマも解消します。

体の筋肉と同じように、顔の筋肉も、鍛えれば発達します。美しい目元には、運動はマストです！

eyes produce#32

たるみ・むくみを1分で撃退する、垣内式コリ潰しマッサージ。

今やスマホやパソコンは必須アイテム。日々、長時間使用し、「疲れ目」に悩んでいる方も多いと思います。「疲れ目」は、頭痛や肩・首のコリにもつながりますし、目の周りの血行が悪くなり、たるみ、むくみ、クマ、シワの原因にもなります。見た目のトラブルはメイクでカバーしたくなりますが、より悪目立ちさせてしまうことも。こんなときはマッサージ。まずはさっそくやり方を紹介します。

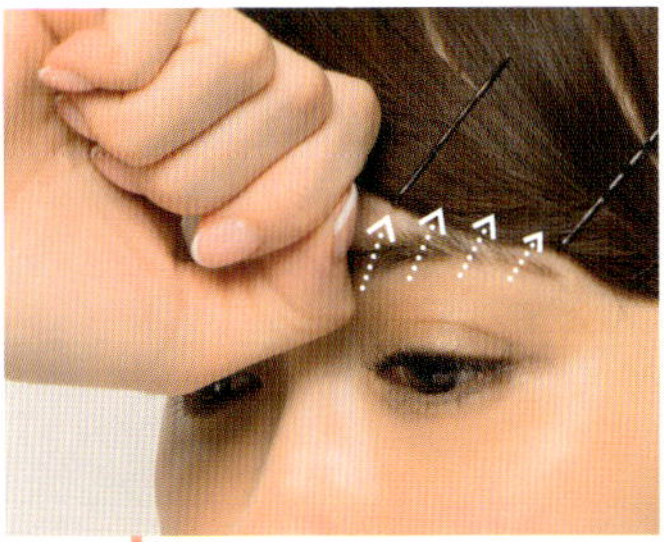

1 上に向かって流しながら眉尻までしっかり

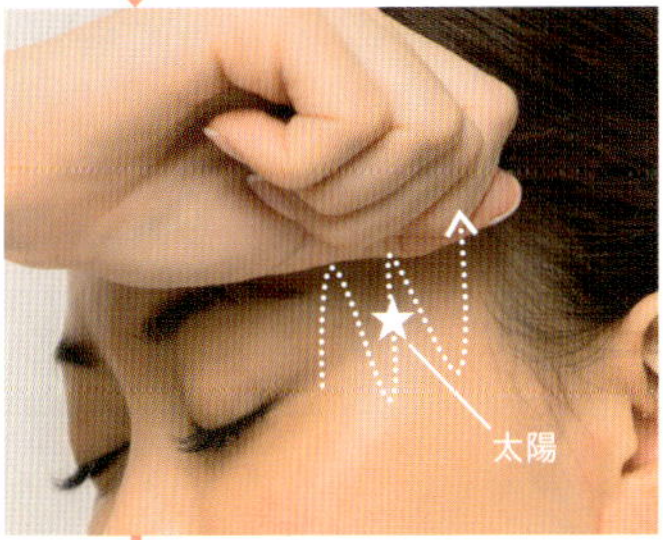

2 目尻〜こめかみを、上下にグリグリ

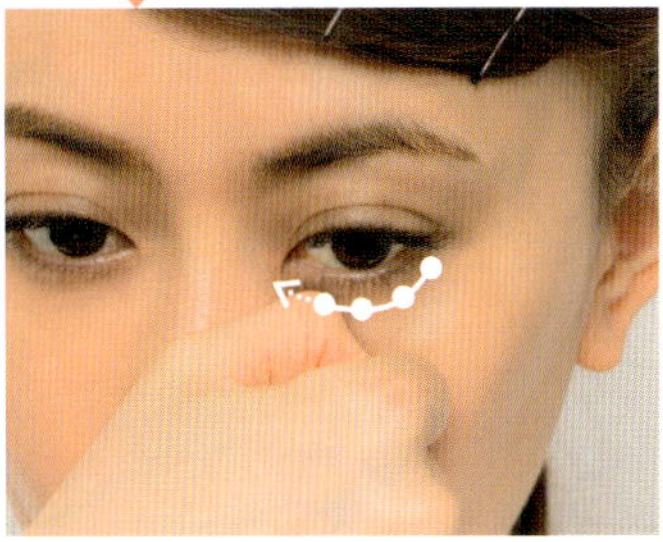

3 目尻〜目頭を、押しながら流していく

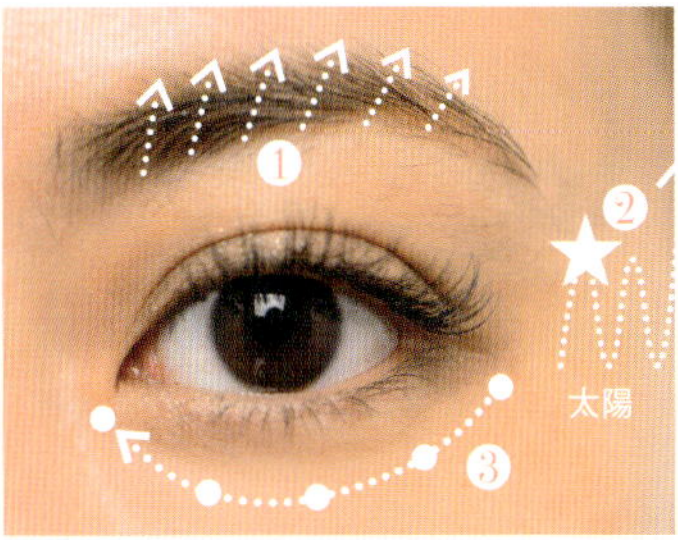

①眉頭と眉骨下のくぼみ、②目尻からこめかみ、③アイホールの下、の順でまんべんなくコリをほぐす。親指の第一関節を使いましょう。両目とも利き手でOK

マッサージには手の親指を曲げ、固く出っ張った第一関節を使います。目元のマッサージは指の腹で行う人が多いのですが、指の腹のような柔らかい部位では、血行やリンパの流れを促すくらいの効果しかなく、コリはしつこく残ってしまいます。

眼精疲労は特に「トリガーポイント」という筋肉にできたコリコリした硬い部分が原因と言われており、いくらマッサージをしてもそのコリが残ってしまうと、またすぐに血行が滞り、効率が良くありません。

コリをほぐすには、そのコリコリした部分へピンポイントに親指の第一関節を当て、ぐりぐりと潰すように行います。マッサージ用の棒を使ってもよいでしょう。

垣内式コリ潰しマッサージでは、疲れ目を引き起こす、このコリを確実に潰していきます！　各プロセスをさらに詳しくご説明しますね。

①まずマッサージクリームなどをたっぷり塗ります。スタートは眉頭の眉骨の下のくぼみから。ここに、親指の第一関節をしっかりと当て、ぐっと押したら、そのまま斜め上方向に、眼輪筋に乗った眉毛の流れに沿って、ぐっぐっと流すようにコリを潰します。

けっこう痛いと感じる方もいるかもしれませんが、**しっかりと潰して流してしまいましょう（イタ気持ちいい程度の強さがポイントです）。**

②眉尻まで来たら、目尻からこめかみを上下にグリグリ。その際、こめかみの下の少しくぼんだ部分にある「太陽」と呼ばれるツボ（P147右上写真参照）を集中的に刺激しましょう。頭痛や疲れ目にとても良く効きます。

③そのままアイホールの下のふちに沿って、ゆっくり目頭までぐっぐっと親指でコリを潰していきます。目頭まできたらフィニッシュ。

時間がないときや「今すぐ目元のたるみを取りたい」というときは、これを1周するだけでも疲れが解消し、目元がシュッとします。コリを完全に撃退したいときは、何周かやってみましょう。

疲れを感じたときにこのマッサージをパパッとやれば簡単にリフレッシュできますし、「今すぐむくみを取りたい！」というときのレスキューとしても即効性があります。

本当に簡単で効果的なので、ぜひ、日常生活に取り入れてみてくださいね。

eyes produce#33

おでこのコリをほぐせば、即・目ヂカラ再生。

マッサージでコリをほぐしてもらいたい顔の筋肉は眼輪筋だけではありません。まぶたが重たい、目元がくすんで見える……それはおでこのコリが原因かも。実は表情筋のなかでも特に疲れがたまりやすいと言われているのがおでこにある〝前頭筋〟なのです。

そんな方は、お風呂あがりや朝のメイク前にぜひ次のマッサージを試してみてく

おでこ全体を、円を描くようにグリグリ

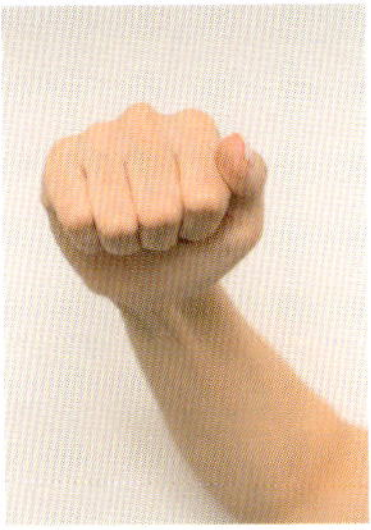

こぶしの第二関節で
しっかりコリを撃退

ださい。驚くほど顔全体が軽くなり、目元がトーンアップします。

①マッサージクリームなどをたっぷり指の腹に取って、丸く円を描きながらおでこに塗布します。そのとき、おでこの筋肉をゆるませるイメージで。

②次に、おでこのコリを撃退していきます。上の右写真のようにこぶしを作り、硬い第二関節の部分で、片方のこめかみから反対までぐりぐりとほぐしていきます（上の左写真参照）。イタ気持ちいい程度の力で行ってください。これだけでリンパの流れが良くなり、顔色が良くなります。

おでこのコリが取れることでリンパの流れが良くなり、むくみ、たるみ、シワ、クマ、まぶたの重さなど、あらゆる悩みが改善され、デカ目効果にもつながります。一度のマッサージでまぶたが軽く、視界が広くなったと感じる人が多いので試す価値ありです。

eyes produce#34

顔と頭皮は皮一枚。頭皮が上がれば目元も上がる。

目元、おでこのコリをほぐしたら、頭皮のコリもほぐしていきましょう。まず、意外と盲点なのですが**顔と頭は一枚の皮でつながっています。**そしてリンパ液も「顔↓耳の前↓鎖骨」「頭↓耳の後ろ↓鎖骨」「頭頂部↓後頭部↓鎖骨」とさまざまなルートで流れているので、顔と頭皮を合わせてマッサージすればスッキリ効果は倍増なのです。週末のバスタイムなどに一連の流れでたっぷりやってリフ

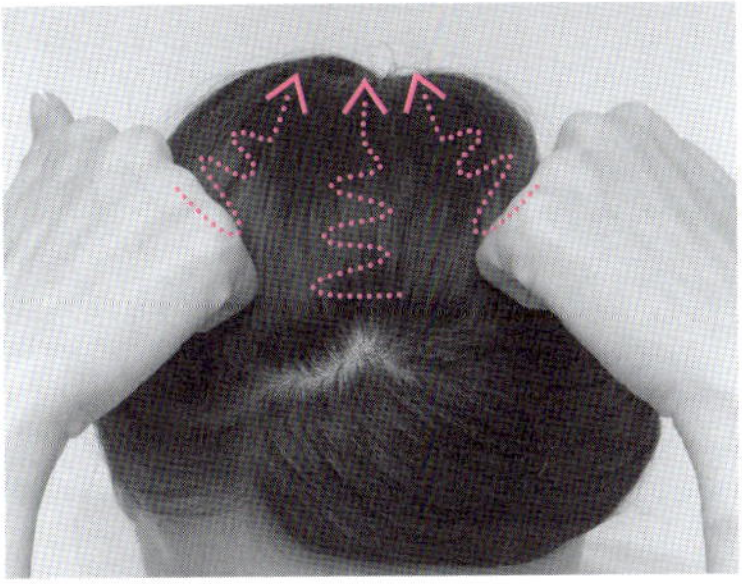

1 頭頂部に向かってギザギザ動かしつつ流す

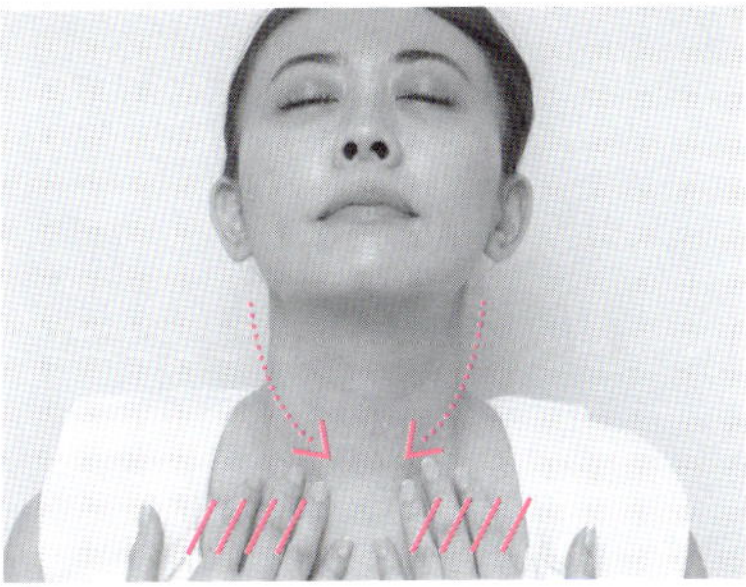

2 首の後ろ〜側面〜鎖骨のリンパを流す

レッシュしましょう。

では始めます。頭部もしっかりとコリを潰すのが大事なので、P151の右写真のように指を曲げ、固く出っ張った第二関節を使います。

①はじめに、耳の上の側頭部から後頭部に向かってグリグリと関節をすべらせます。「イタ気持ちいい」と感じるくらいがベスト。次に、前頭部から後頭部に向かって同じようにグリグリとしていきます。最後は、頭頂部から後頭部に向かってグリグリグリグリ下ろしていきます。

②後頭部まで来たら、そのまま首の側面を指の関節で圧迫しながら鎖骨まですべらせましょう。首の付け根まで下ろしてきた老廃物を、鎖骨から肩にかけて流すイメージで首のリンパをマッサージしてください。

これで、頭部全体がすっきり。コリをとると顔が明るくなり、印象がとても変わります。デートの前などにもおすすめです！

eyes produce#35

アイクリームの効果を2倍にする「指パック」でシワ防止。

「目元が疲れている」「年齢が出ている」というときの集中ケアとして、アイクリームを使っている方も多いと思います。その際、まず何よりも重視したいのは、「塗り方」。ただ漫然と塗っては、本当にもったいない！　アイクリームには各ブランド、とびきりの美容成分を盛り込んでいますから、その成分を、「入れ入れ」と心で念じつつ、次に紹介する「指パック」でしっかり入れ込みましょう。

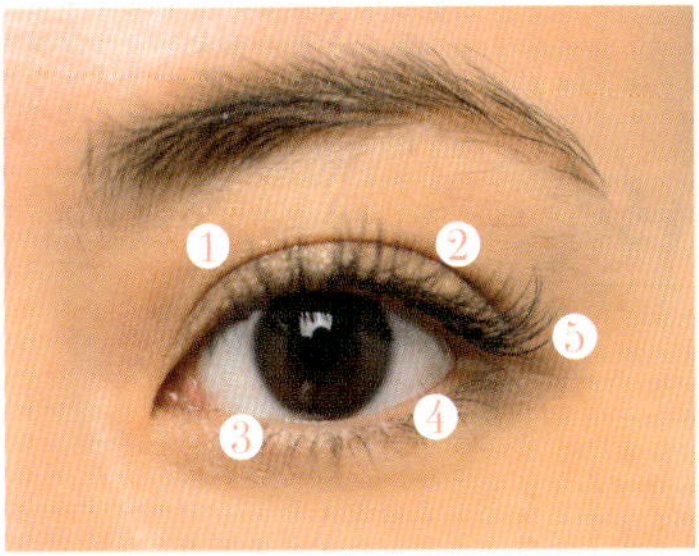

①〜⑤の順で指パック。ブロックを細かく分けて丁寧に行います

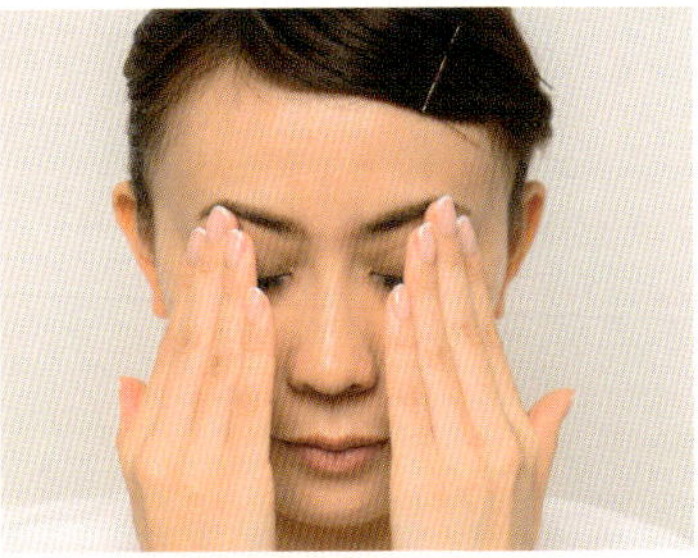

指パックの基本動作。指の腹を使ってくぼみに沿ってパックします

POINT

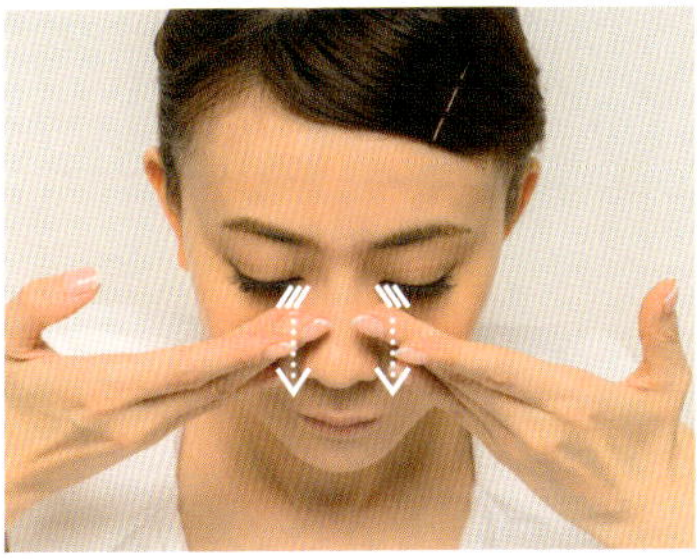

③の目頭はシワを下げて入れ込む

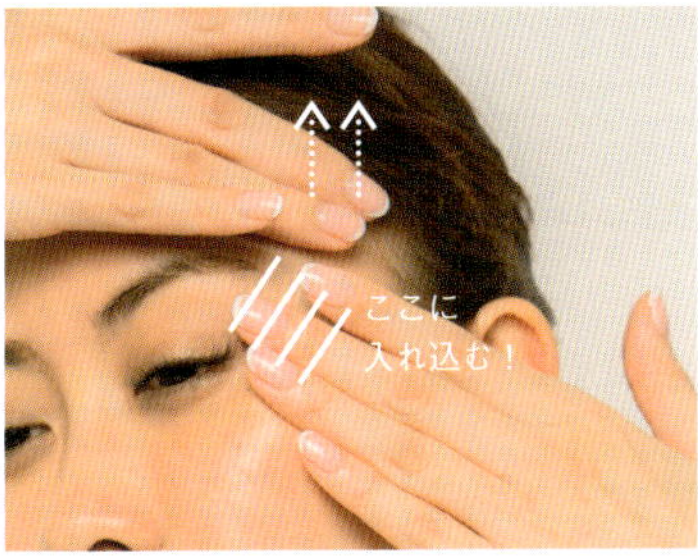

⑤も目尻のシワを伸ばしてパックし、終了

前ページの写真を参考に、次の手順で行います。
まずはアイクリームを手に取り、指でこすり合わせて温めてから、目の周りを次の順番で、指の腹を使ってパックしていきます。
①上まぶたの目頭エリアを包み込むように優しく押さえ、5秒カウント。
②次に上まぶたの目尻側。同じく5秒です。
③同様に、下まぶたの目頭側。このとき、指でシワの部分を伸ばすように皮膚をちょっと下に下げ、シワの間にしっかり指を当てて、5秒押さえます。
④続いて、下まぶたの目尻側を同じく5秒押さえます。
⑤最後は目尻。両手を使い、片方の手でシワを優しく上に伸ばしながら、もう片方の手の指で目尻を押さえ、優しくしっかりと入れ込みます。
以上です。

特に目元に疲れが見られる日は、指パックのあとに市販のホットアイマスクを使って血行を良くし、さらに成分を浸透させます。

目元の皮膚は顔のほかの部分の皮膚の4分の1程度の薄さと言われ、皮脂腺も少なく乾燥しがち。つまり目の周りは顔のほかの部分と「グラウンドが違う」のです。

そのため、目元専用クリームを使った特別なケアは、するだけの価値はある、と私は思います。ケアの効果が現れやすいのも目元だからです。

アイクリームには、保湿効果のあるヒアルロン酸や、抗酸化作用が強くエイジングに効果的なコエンザイムQ10、皮膚の細胞を活性化させるペプチドなど、一般的に知られる成分から目新しいものまでいろいろあります。最近では、シワを改善する「レチノール」という成分が、某メーカーの長年の研究結果から、その効果を厚生労働省に承認されて注目を集めており、レチノールを使ったアイクリームも多く出ています。こうした美容成分の濃度が高いほどお値段も高く、それは比例すると言われています。

私は、目元にはできるだけ投資していただきたいな、と思っています。

理由は顔のなかでも目元の印象は特に大きいので、そこを集中的にケアすれば、シワ、たるみ、クマなどの悩みが改善されて若返るからです。つまり、高価なクリームや美容液を投入するのであれば、目元に1点投入したほうがコスパが良い、ということですね。

eyes produce#36

白目を一瞬できれいに見せる「美人目薬」をポーチIN

朝起きてから寝るまで、目は、一日中働きっぱなし。スマートホンの普及で、仕事でもプライベートでも、さらに移動中でも、液晶画面のブルーライトにさらされることも多くなりました。目を酷使する生活は、現代ではもう当たり前のこととして受け入れなくてはいけないのかもしれません。

ですがそれは、「目元美人」にとっては大ピンチ。まぶたが重くなれば目は小さく見えてしまいますし、充血していたら、デカ目を作る白目効果が半減。そうなる前に、目をいたわる習慣を持ってもらえたら、と思います。

目を休めることがいちばんですが、日中はなかなか休めないので、いつもポーチに1本、疲れ目や充血に効果がある「美人目薬」を携帯しましょう。**白目がクリアになって、目元の美しさをキープできます。**

最近は、下の写真のように、まるでコスメのようなな、一見目薬に見えないかわいいデザインのものも出ています。こんな目薬なら、持っているだけで気分も上がるというもの（ただし、差しすぎには注意してください）。

目をいたわると同時に、気持ちの上でもわくわくするようなアイテムは、女子の生活に必須。ポーチに1本入れて、目ヂカラも気持ちもアゲていきましょう。

気持ちも上がる美人目薬

［目薬］
サンテ ボーティエ®
¥1,500（メーカー希望小売価格）（参天製薬）
一見香水のような、ローズの香りの目薬。眼球をうるおし、充血や疲れ目をケアするほか、タウリン配合で目のターンオーバーを促進する効果も。

eyes produce#37

まつ毛美容液に「発毛効果」はない。

「まつ毛を濃く長くしたい！」と思ったとき手が伸びるのがまつ毛美容液。でも実は、まつ毛美容液に「発毛効果」はありません。**伸びた気がするのは、トリートメント効果で毛が丈夫になり、切れにくくなったから。もしくは毛根のつまりが改善して本来生えるべきものが生えてきたから**、などが考えられます。

そもそも発毛効果は、「化粧品」ではなく「医薬品」にしか認められていません。

そのため、本当に、発毛させたい人は眼科や皮膚科で薬を処方してもらう必要があります。

その薬を使うと、なぜまつ毛が伸びるのか？　主な理由は、そこに配合された緑内障の治療薬の成分「ビマトプロスト」の副作用のためと言われます。ただ、その他の副作用としてかゆみや充血、まぶたの色素沈着があるなどと言われます。

この点を考えると、私としておすすめしたいのは、そのような薬ではなく化粧品として販売されている副作用の少ないアイテム。例えば、下の2点です。

まつ毛も髪の毛と同じで乾燥によって傷みが加速するので、トリートメントケアは大切です。「発毛効果がないなら塗らなくてもいいや」と思わず、ぜひケアを取り入れてください。

安心できる品だけを

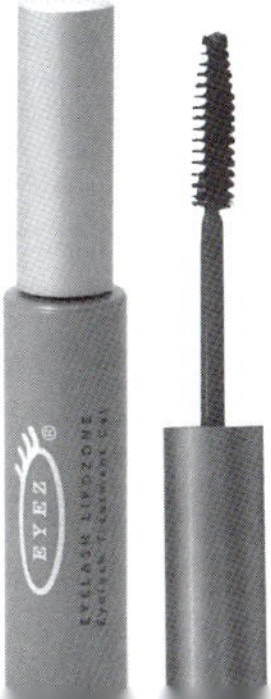

［まつ毛美容液］
アイズ アイラッシュリポゾーン　¥2,800（ピー・エス・インターナショナル）
まつ毛にツヤとハリを与える美容成分のトリートメント効果でまつ毛をケア。抜け毛や切れ毛を防ぎ、キューティクルの整った健やかなまつ毛に。

［まつ毛美容液］
Vendela アイラッシュエッセンス チップタイプ　¥5,600（ROI）
ダメージを受けたまつ毛を保湿・保護し、ハリと弾力を与えるまつ毛用ベース＆エッセンス。マスカラベース、または洗顔後のまつ毛ケアに。

COLUMN

ハイブリッドコスメでミニマムに

ポーチの中身は5点だけ

毎日持ち歩く化粧ポーチは、軽くコンパクトにしたい。でもメイク崩れをフォローするものはちゃんと持たないと意味がない。

そこで目元プロデューサーの私から見て「これだけあれば大丈夫」と保証する、最小限かつ優秀な5アイテムをご紹介します。

①まず、これがなくては始まらない、という最強グッズ・綿棒。よれたりシワに入り込んだところをさっとぬぐってリペアします。もちろんチップがわりにも。

②目の充血を抑え、美しい白目をキープするための目薬も必須。

③1本でペンシル、パウダー、スクリューブラシの三役を兼ねる眉コスメ（エクセル パウダー&ペンシル アイブロウEX）。

④リップ、シャドウ、チークも一体型で携帯を楽に（RMK マルチクレヨン ※写真は

限定パッケージ）。

⑤ベースの崩れに、ブラシを内臓したスティック型の優秀ファンデーションを（フローフシ　エリアファンデイ）。

おまけに、カールを修復するホットアイラッシュカーラーを入れてもいいですね。

いかがでしょうか？　日々のメイク直しにはこれだけあれば十分です。

旅行に行くときには、これらに加え、コンタクトレンズのケースに化粧水、オイルなどをセットして持っていきます。とても小さくなるのでおすすめ。欠かせないのは、旅行中も目元のケアをするためのパックやアイクリームです。パックは旅先でも使いやすい洗い流さないトリートメントタイプを。そして、1日働いた目元をいたわる、市販のホットアイマスクも、旅行の大切なお供です。

COLUMN

実はトラブルの元

粘膜インラインにご用心

「白目をきれいに見せるなら、白のインラインですよね？」

と、サロンのお客様に質問されることがあります。でも私は粘膜に入れるインラインには反対の立場です。

もちろん、白く引くと白目がはっきり見えて目ヂカラは増します。でもインラインを引くと、目に必要な油分を分泌しているマイボーム腺を塞ぐことに。**それが結果的にドライアイや炎症など目のトラブルを誘発することになり、私の目標である「白目をきれいに見せる」ことに相反してしまうからです。**

美しい白目を作るのなら、目元のケアをし、まつ毛を1ミリでも上に上げましょう。それが、年齢を重ねても美しい目元でいる秘訣だと、私は考えています。

CHAPTER 6

「いつもと違うムード」は一筋のカラーラインから

目元に選んだプラム色が「違う私」を連れてきてくれた。

「あれ、今日はいつもと雰囲気が違う？」
そう言わせたい日は、目元でささやかな冒険を。
プラム色のカラーライナーで
ほんのり色を差し、まろやかな目元に。
鏡を見るたび、自分の気持ちも上がり、口角も上がる。
1本のカラーラインが表情までも変えてくれる。

eyes produce#38

「今日は色っぽいな」とドキッとさせる答えは、ここにある。

私のアイメイクの基本のカラー使いは、ベースとなるまぶたには「しっくりゴールド」のシャドウを使ってまつ毛を際立たせること。あとのカラーは、ファッションでいうと「差し色」なので、いろいろ遊んでほしいと思います。

そのなかでも、今、いちばんおすすめなのがアイライナー。第3章で、2本目のアイラインとして白目をきれいに見せるネイビーを紹介しましたが、それ以外にも、バーガンディやカーキ、オレンジ、ピンクなど、ニュアンスのあるカラーがいっぱい出ています。

ほんのわずかな面積、それも目を閉じたときに一筋すっと見えるだけなのに、見る人の心をとらえる、まさに魔法のような効果があるので、ぜひ取り入れてぐっと洗練された雰囲気に変身しましょう。

色味は、ネイビーやカーキなどのブラックに近い色は、ふだん使いの茶色や黒からチェンジすれば、垢抜けた雰囲気に。**明るい色のライナーなら、上まぶたか下まぶたの目尻側3分の1くらいにふだんのダークカラーの上からなぞるように重ねて引けば、初心者にも失敗なくラインが引けます。**

特に、プラムやバーガンディなど、血色系の色は、ぐっと女度をアップしてくれる色。

きっと、メイクを知らない男性から見たら、「なぜだかわからないけど今日は色っぽいな」くらいのちょっとした変化なのですが、やりすぎ感がないのに、簡単で効果抜群なので、アフターファイブのお化粧直しでさっとプラスするのもおすすめ。

自分にとっても、黒や茶色だけでなく、ほんの少し差し色アイラインを入れるこ

「捨て色」を有効活用。チップや綿棒でもOK

となんだか女らしい気持ちになれて、朝のメイクのテンションも上がりますよ。

そして、もう一つご提案。

みなさん、アイシャドウパレットをお持ちだと思いますが、なかには、すごく濃かったりハデだったりする「捨て色」が入っていて、使いこなせずに残っている、ということはありませんか？

実際、外国ブランドのパレットの濃いカラーは日本人にはけっこう難しい色なのです。おうとつの少ない日本人は、原色系の濃い色はシャドウとして使うとけばけばしくアンバランスになってしまい、「あきらめカラー」になっていることが多いですが、アイラインとして使うならむしろそういった色の方が効果的。筆やチップ、綿棒で、目尻にすっと入れるだけで、印象的な目元になります。「こんな色？」と思うような色でも、使ってみると案外となじみます。だまされたと思って使ってみてください。新しい自分を発見できるはずです。

カラーを選んで
私を選ぶ

[アイライナー]

（上から順に）フローフシ　モテライナー リキッド NvBk（ネイビーブラック） ¥1,500（フローフシ）／アイライナー エフォシル ショッキング　No.3 ディープブルー　¥4,200（イヴ・サンローラン・ボーテ）／ヴィセ リシェ　カラーインパクト リキッドライナー　RD440 ¥1,000（編集部調べ）（コーセー）／アディクション カラーシック　アイライナー　レディ オブ ザ レイク　¥2,500（アディクション ビューティ）／ミネラルシマリングアイライナー　カーキゴールド　¥2,800（エトヴォス）／エクセル　カラーラスティングジェルライナー CG05 オリーブ　¥1,200（常盤薬品工業）

eyes produce#39

メイクのテンションが上がらない日は髪型から決める。

どんなに大好きなことでも、毎日となると、「なんだか今日は気分がのらない」「いつもと同じで飽きた」ということはありますよね。

そんなときはちょっとお休みして、新鮮な気持ちやモチベーションを取り戻すことが大切ですが、メイクだけは、「めんどうくさいので今日はすっぴんで会社に来ました」というわけにはいきません。

そんなとき、順序や、雰囲気をいつもと少し変えるだけで気分転換になることもあります。私の場合、朝、どんよりしてメイク気分が上がらないとき、無理にメイクをせず、ヘアーを整えることから始めます。

髪の毛が決まると気持ちがルンルンしてきて、同時にメイクにやる気が出てきます。この髪型にはどういうメイクにしようかな？　いつもより上で髪をくくったから、ポップなイメージでオレンジ系にしようかな？　と、どんどんイメージが湧いてくるのです。

おっくうに感じることでも、いつもと違うものを使ったり、場所を変えたり、手順を変えたりと、ちょっとした変化を加えてみる。それだけで、マンネリに変化が生まれ、新鮮な発見があったりします。

こんなふうに、自分の気分をコントロールする方法を持っておくと、「最近、落ちているな」と感じる日々でも、ちょっぴりすがすがしく、楽しく過ごせるようになると思います。

ＨＡＰＰＹな気持ちは、「きれい」の土台にもなります。みなさんもぜひ、取り入れてみてください。

eyes produce#40

ヘルシーな血色感が即叶う、「お守りアイテム」

なんとなく顔色が冴えない——そんな朝、ありますよね？　こんな日のメイクで、まず重視すべきは、やっぱり、ぐっとまつ毛を上げて白目を輝かせること。そして次に手をつけてほしいのが「顔の血色を上げること」です。

それにうってつけなのが、今、各ブランドから出ている、リップ&チーク一体型コスメ（最近ではアイシャドウにもなるタイプも多い）。顔全体の色味が統一され

ることで、自然な血色感を簡単に演出してくれます。「メイクしてます」という感じが薄れ、まるでもともとの肌の色がほんのり赤みを帯びているような自然でかわいらしい印象を作ってくれるのです。イマドキの血色メイクにもぴったりですね。

おもしろいのは、同じものをのせても、チークにのせたときとリップに使ったとき、シャドウとして使ったときでは、それぞれのパーツで発色やテクスチャーに違いが出るところ。

P162のコラムでも紹介しましたが、時短メイクにもなりますし、二役、三役兼ねるのでポーチにぽんと入れておくだけで、外出先でも、即「血色アゲ」でき、心強い「お守り」に。即効性としては、美容ドリンク以上です！

自然なツヤもプラス

［リップ＆チーク］
アールエムエス ビューティー リップチーク モデスト ¥4,800（アルファネット）
内側からにじみ出るような赤みが色っぽさをプラス。重ねるごとに色鮮やかに発色する。

目元にも血色ON

［リップ＆チーク＆アイシャドウ］
RMK マルチクレヨン 01 メローピンク ¥3,000（RMK Division）
リップ＆チークだけでなく、アイシャドウとしても使える新感覚クレヨン。ハーフマットな質感と透明感のある発色でふんわりと色づき、若々しい表情に。

eyes produce#41

目元で飼ってる!? まつ毛ダニにご注意。

まつ毛ダニとは、その言葉通り、まつ毛に住むダニのこと。これが大量発生すると目元のトラブルを引き起こします。

発生原因の多くは、クレンジングが行き届かずに目元に残った油分が酸化し、それらがまつ毛ダニの餌となってしまうこと。**まつ毛とまつ毛の間は見えないので、根元にびっしり汚れがたまっていることがあるのです。**これでは、眼病などのトラ

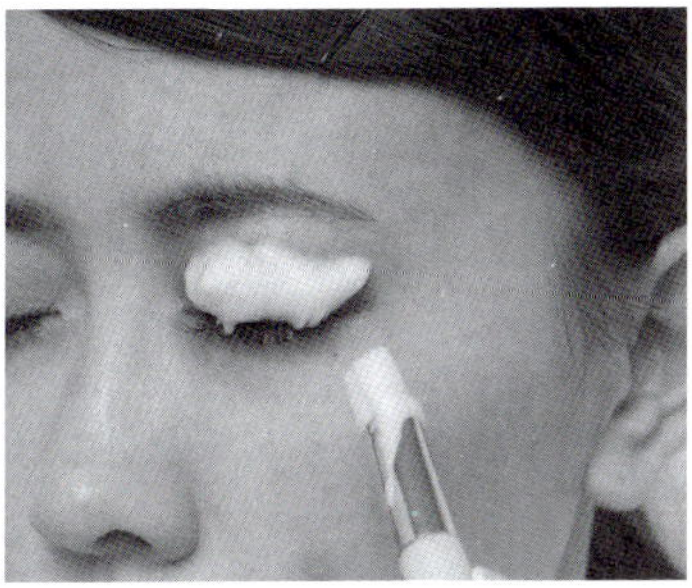

泡を置いたら触らず放置するのがコツ

ブルはもちろん、美容液やアイクリームも浸透してくれません。脱毛の原因にもなります。

毛根の汚れはしっかり落としていきましょう。普通の洗顔料を使ってもいいのですが、私のおすすめはアイシャンプー。これを、ダイソーで売っている「小鼻専用洗顔ブラシ」で泡立てて毛穴を意識して洗うと、毛根からすっきりと汚れを落とすことができます。では、そのやり方です。

①まず、アイシャンプー(なければ洗顔料)を泡立てます。

②泡を、ブラシですくい、まつ毛の根元に置いていきます。

③1分ぐらい放置したら、優しく洗い流してください。泡が目に入らないよう、片目ずつ行いましょう。

泡立ち抜群の優秀ブラシ

[ブラシ]
小鼻専用洗顔ブラシ　¥100
(ダイソー)
本来は小鼻洗顔用のブラシだが、毛の長さもコシもアイシャンプーにぴったり。

eyes produce#42

自己流メイクの枠から飛び出す「コスメのワンピース」で新しい私に出会う。

4色、5色が一つにセットされたアイシャドウパレット。シーズンごとに多くのブランドから新色が提案され、かわいいのでつい手に入れたくなりますよね。でも、結局全然使わない捨て色があったりしませんか?

毎日メイクしていると、使いやすい色はだいたい決まってくるもの。考えるのがめんどうで、「いつも同じ」になっている方もいるかもしれません。

パレットでセットになっている色は、ブランドが組み合わせを考え尽くした、「今、これが最高」というバランスの組み合わせです。だから、ファッションでいえば、ぱっと1枚着るだけでコーディネートが完成するワンピースのようなもの。

そこで、**いつものメイクにマンネリ感が出てきたら、パレットが提案するアイメイクの組み合わせをそのまま使ってみることをおすすめします。**

基本的には薄い色から順に塗ってグラデーションを作りますが、カラーアイラインのところでお伝えしたように、発色の良い濃いめの色はアイラインとして目のキワに。淡い色は涙袋に入れてハイライトに。

使い方や全体のバランスを工夫すれば、組み合わせで失敗せず、それだけで美しいカラーバランスが完成。

いつもの自己流メイクから一歩進んだ、ワンランク上の新しい自分に出会えるかもしれません。

次の目元に出会う

[アイシャドウ]
SUQQU デザイニング カラー アイズ 02 ¥6,800（SUQQU）
目元を明るく鮮やかに彩るオレンジ系ブラウン。なめらかな質感で大人のまぶたをつややかに彩る。

おわりに

数ある美容本のなかでこの本を手にしていただき、ありがとうございました。

私が目元に興味を持ったきっかけの一つは「はじめに」でも触れましたが、今、この仕事に没頭しているのには、もう一つ、きっかけとなった出来事があります。

私は、これまで20ヶ国以上を旅しましたが、あるとき、美容の力は世界でどれだけ通用するのだろうかと疑問を持ち、思い立って現地日本人の協力のもとアフリカの国々を訪ねることになりました。

行く先々でマツエクの施術をし、セネガルを訪れたとき。そこで出会った女性は、マツエクは初めてで緊張した様子でしたが、「黒い肌に映える、キラキラ輝くグリッターのマツエクを付けますね」とまず説明し、いざ施術を開始しました。

無事に施術が終わったとき。彼女は顔に止まっているハエを振り払い、井戸からくみ上げた水を一口飲んでから、おそるおそる鏡を覗き込みました。

その瞬間、彼女は驚きの声をあげ、喜びに満ちた強い目ヂカラでこちらを見て、アフリカ語で「ありがとう！」と……！　あのシーンを今でも思い出します。

これほどまでにきれいな瞳を見たことがあるだろうか。そう思いました。

そのとき私は確信しました。美しくなることで心がHAPPYになると自然に目元もきれいに輝き出す、これは世界共通なんだと。目ヂカラ＝ナチュラルデカ目は、外面→内面のHAPPYの連鎖のなかででき上がるのだと。

私が目指すのは、ただ「きれいになってもらう」だけではありません。それはあくまで通過点。手に入れてほしいのは、その先にある喜びや幸せです。サロンに来られたお客様の、目元が変わり、人生が変わる。その驚くべき変化を間近で見せていただけることは、まさに私の原動力です。

これからも私は、目元から始まるHAPPYの連鎖を、国境を超えて伝えていきます。

2018年　6月　垣内綾子

衣装協力

カオス（カオス表参道）	03-6432-9277
カトリーヌ ハメル（カオス表参道）	03-6432-9277
マリハ（マリハ伊勢丹新宿本店）	03-6457-7128
ソブ（フィルム）	03-5413-4141
ラ・キアーヴェ（ドレスアンレーヴ）	03-5468-2118
ジェーン スミス（シップス 渋谷店）	03-3496-0481
JUN OKAMOTO （JUN OKAMOTO DAIKANYAMA STORE）	03-6455-3466
トランジット パーサッチ （トランジット パーサッチ青山店）	03-6450-6340

コスメ問い合わせ先

RMK Division	0120-988-271
ADDICTION BEAUTY	0120-586-683
アルファネット	03-6427-8177
イヴ・サンローラン・ボーテ	03-6911-8563
伊勢半	03-3262-3123
井田ラボラトリーズ	0120-44-1184
エトヴォス	0120-0477-80
msh	0120-131-370
エレガンス コスメティックス	0120-766-995
貝印	0120-016-410
カネボウ化粧品	0120-518-520
クリニーク	03-5251-3541
コーセー	0120-526-311
コスメデコルテ	0120-763-325
参天製薬	0120-127-023
資生堂インターナショナル	0120-81-4710
シュウ ウエムラ	03-6911-8560
SUQQU	0120-988-761
セルヴォーク	03-3261-2892
THREE	0120-898-003
ダイソー	082-420-0100
トーン	03-5774-5565
常盤薬品工業	0120-081-937
ネイチャーズウェイ（ナチュラグラッセ）	0120-060802
ピー・エス・インターナショナル	03-5484-3481
富士フイルム	0120-596-221
フローフシ	0120-963-277
ポール & ジョー ボーテ	0120-766-996
ボビイ ブラウン	03-5251-3485
MANHATTAN	03-3798-5225
メイベリン ニューヨーク	03-6911-8585
レブロン	0120-803-117
ROI	03-6434-1168

※コスメはすべて税抜表記です。掲載商品は2018年6月時点での情報です

モデル	知美（BARK in STYLe）
写真	SHIN ISHIKAWA
デザイン	bitter design
ヘアメイク	イワタユイナ
スタイリスト	後藤仁子
構成	小嶋優子
DTP	坂巻治子
校正	深澤晴彦
制作協力	Lulucos by.S
マネジメント	北村朋子（SDM）
編集	高木沙織
編集統括	吉本光里（ワニブックス）

奥二重　一重　小さい目
たるみ目　離れた目　腫れぼったい目
人生が動き出す！
ナチュラルデカ目の作り方

著者	垣内綾子
発行日	2018年8月10日　初版発行

発行者	横内正昭
編集人	青柳有紀
発行所	株式会社ワニブックス 〒150-8482 東京都渋谷区恵比寿4-4-9　えびす大黒ビル 03-5449-2711（代表） 03-5449-2716（編集部）

ワニブックスHP　http://www.wani.co.jp/
WANI BOOKOUT　http://www.wanibookout.com/

印刷所	美松堂株式会社
製本所	ナショナル製本

ISBN978-4-8470-9698-3